AF317558

UNIVERSITÉ DE LYON

INAUGURATION

DE

L'INSTITUT DE CHIMIE

(7 Janvier 1900)

ET

COMPTES RENDUS

DES TRAVAUX DE L'UNIVERSITÉ

PENDANT L'ANNÉE SCOLAIRE 1898-1899

LYON

A. STORCK & C⁰, IMPRIMEURS-ÉDITEURS

8, Rue de la Méditerranée, 8

1900

INAUGURATION DE L'INSTITUT DE CHIMIE

(7 janvier 1900)

ET COMPTES RENDUS DE L'ANNÉE 1898-1899

UNIVERSITÉ DE LYON

INAUGURATION

DE

L'INSTITUT DE CHIMIE

(7 Janvier 1900)

ET

COMPTES RENDUS

DES TRAVAUX DE L'UNIVERSITÉ

PENDANT L'ANNÉE SCOLAIRE 1898-1899

LYON

A. STORCK & Cⁱᵉ, IMPRIMEURS-ÉDITEURS

8, Rue de la Méditerranée, 8

1900

LISTE GÉNÉRALE

DES PROFESSEURS DE L'UNIVERSITÉ DE LYON

1er Juin 1900

PROFESSEURS HONORAIRES

DATE DE LA NOMINATION	MESSIEURS	FACULTÉS	DATE DE L'HONORARIAT
1849. 17 mai . .	FRENET, ✳, I. O. . .	Sciences	21 novembre 1868.
1861. 6 juillet . .	SOUPÉ, ✳, I. O . . .	Lettres	25 octobre 1884.
1865. 2 décembre.	GUINAND, I. O. . . .	Théologie, *Doyen honoraire* . .	24 mars 1885.
1867. 24 mai . .	MABIRE, ✳, I. O. . .	Droit.	26 avril 1898.
1868. 22 décembre	CHEVALLARD, I. O. .	Théologie . . .	24 mars 1885.
1869. 1er mars . .	LAFON, ✳, I. O . . .	Sciences. . . .	20 novembre 1896.
1870. 8 juin. . .	COSTE, A. O.	Théologie . . .	24 mars 1885.
1876. 13 mars . .	BERLIOUX, I. O. . .	Lettres	29 octobre 1888.
1877. 24 avril . .	PAULET, O. ✳, I. O. .	Médecine . . .	20 novembre 1885.
— 24 avril . .	CHAUVEAU, C. ✳. I. O.	Médecine . . .	22 décembre 1886.
— 14 août . .	BERNE, ✳.	Médecine . . .	10 août 1894.
— 31 décembre	BERNARD, A. O. . .	Théologie . . .	24 mars 1885.
1878. 16 février .	GLAVEL, ✳, I. O. . .	Lettres	24 juillet 1893.
1879. 5 août . .	THALLER, I. O. . . .	Droit.	18 décembre 1893.
1881. 16 décembre	AUDIBERT, I. O. . .	Droit.	20 mai 1900.

PROFESSEURS TITULAIRES

DATE DE LA NOMINATION	MESSIEURS	FACULTÉS	DATE DE L'ENTRÉE DANS L'ENSEIGNEMENT SUPÉRIEUR
1864. 12 octobre .	CAILLEMER, O. ✳, I. Q.	Droit, *Doyen*. .	9 janvier 1862.
1874. 1er janvier .	LORTET, O. ✳, I. Q.	Médecine, *Doyen*	9 novembre 1867.
1877. 24 avril . .	OLLIER, C. ✳, I. Q.	Médecine . . .	9 août 1849.
— 24 avril . .	MONOYER, I. Q. . . .	Médecine . . .	18 juin 1863.
— 24 avril . .	GAYET, ✳, I. Q. . . .	Médecine . . .	7 octobre 1865.
— 24 avril . .	LÉPINE, O. ✳, I. Q. . .	Médecine . . .	10 septembre 1869.
— 24 avril . .	RENAUT, I. Q.	Médecine . . .	26 novembre 1872.
— 24 avril . .	GAILLETON, G. O. ✳, I. Q.	Médecine . . .	24 avril 1877.
— 14 août . .	BONDET, ✳, I. Q. . .	Médecine . . .	23 mai 1863.
— 14 août . .	PIERRET, I. Q. . . .	Médecine . . .	2 septembre 1876.
— 1er décembre	ANDRÉ, ✳, I. Q. . . .	Sciences. . . .	6 novembre 1876.
1878. 10 février .	MORAT, I. Q. . . .	Médecine . . .	12 décembre 1876.
— 12 août . .	GARRAUD, I. Q. . . .	Droit.	12 mai 1874.
— 12 août . .	APPLETON (Ch.), I. Q.	Droit.	15 juin 1875.
1879. 28 février .	CROLAS, O. ✳, I. Q. .	Médecine . . .	8 mai 1868.
— 28 février .	MAYET, ✳, I. Q. . .	Médecine . .	24 avril 1877.
— 28 février .	SOULIER, I. Q. . . .	Médecine . . .	24 avril 1877.
— 5 août .	FLURER, I. Q. . . .	Droit. . . .	15 juin 1875.
— 5 août . .	ROUGIER, ✳, I. Q. . .	Droit.	29 octobre 1875.
1880. 3 juillet .	LACASSAGNE, ✳, I. Q.	Médecine . . .	3 mai 1872.
— 27 novembre	BARBIER, ✳, I. Q. . .	Sciences. . . .	1er mars 1878.
1881. 16 janvier .	CLÉDAT, ✳, I. Q. . .	Lettres, *Doyen* .	3 octobre 1876.
— 9 août . .	FONTAINE, ✳, I. Q. .	Lettres, *Doyen honoraire* .	16 janvier 1879.
1882. 25 mars . .	PONCET, ✳, I. Q. . .	Médecine . . .	1er novembre 1878.
— 21 octobre .	CAZENEUVE, ✳, I. Q. .	Médecine . . .	31 décembre 1877.
1884. 24 janvier .	COHENDY, ✳, I. Q. .	Droit.	19 juin 1878.
— 6 février . .	BLOCH, ✳, I. Q. . . .	Lettres	8 octobre 1876.
— 27 avril . .	TRIPIER (R.), ✳, I. Q. .	Médecine . . .	24 avril 1877.
— 1er novembre	TEISSIER, ✳, I. Q. . .	Médecine . . .	1er novembre 1878.
— 10 novembre	ARLOING, O. ✳, I. Q. .	Médecine . . .	29 octobre 1877.
— 20 novembre	TESTUT, ✳, I. Q. . . .	Médecine . . .	16 juin 1878.
1885. 22 mai . .	BERTRAND. ✳, I. Q. .	Lettres	9 novembre 1881.
1886. 6 août. . .	FOCHIER, ✳, I. Q. . .	Médecine . . .	24 avril 1877.
1887. 1er mars .	REGNAUD. I. Q. . . .	Lettres	27 janvier 1879.
— 6 mai. . .	GOUY, I. Q.	Sciences. . . .	11 octobre 1883.

DATE DE LA NOMINATION	MESSIEURS	FACULTÉS	DATE DE L'ENTRÉE DANS L'ENSEIGNEMEENT SUPÉ. EUR
1888. 1er mars	GÉRARD, I. Q.	Sciences	1er novembre 1879.
— 16 juin	FIRMERY, I. Q.	Lettres	17 décembre 1881.
— 4 octobre.	DUBOIS, ✳, I. Q	Sciences	18 février 1887.
1889. 19 octobre	DEPÉRET, I. Q.	Sciences, *Doyen*.	27 juillet 1886.
1891. 1er août	COVILLE, I. Q.	Lettres	29 juillet 1884.
— 1er novembre	FLORENCE, I. Q.	Médecine	27 juillet 1886.
— 1er novembre	HUGOUNENQ, I. Q.	Médecine	27 juillet 1886.
1892. 13 avril	MARIÉJOL. I. Q	Lettres	19 novembre 1883.
— 16 avril	ALLÈGRE, I. Q.	Lettres	21 novembre 1884.
1893. 1er février	JULLIEN, I. Q.	Lettres	20 juillet 1887.
— 2 août.	FABIA, I. Q.	Lettres	22 septembre 1891.
— 18 décembre	POLLOSSON (M.), A. Q.	Médecine	24 juillet 1883.
1894. 30 juin	KOEHLER. I. Q.	Sciences	1er novembre 1883.
1895. 11 mars	AUGAGNEUR, A. Q.	Médecine	1er novembre 1886.
— 30 mars	BARD, I. Q.	Médecine	1er novembre 1883.
— 17 avril	OFFRET, I. Q.	Sciences	20 juillet 1887.
— 4 mai	PIC, A. Q.	Droit	13 mai 1890.
— 22 novembre	BARTIN, I. Q.	Droit	17 novembre 1887.
1896. 20 mars	WADDINGTON, I. Q.	Lettres	20 octobre 1886.
— 31 juillet.	HANNEQUIN, I. Q.	Lettres	23 décembre 1884.
— 31 juillet.	VIGNON, I. Q.	Sciences	3 avril 1889.
— 31 juillet.	SOUCHON, A. Q	Droit	9 novembre 1891.
1897. 1er janvier	LEGOUIS. I. Q.	Lettres	17 octobre 1885.
— 1er janvier	TEXTE, I. Q.	Lettres	10 décembre 1891.
— 11 février	FLAMME, I. Q.	Sciences	26 juillet 1888.
— 25 juillet.	VESSIOT, I. Q.	Sciences	30 juillet 1892.
1899. 8 mai.	APPLETON (Jean), A. Q.	Droit	13 mai 1893.
1900. 17 mars	COURMONT (Jules), A. Q.	Médecine	5 août 1892.

PROFESSEURS ADJOINTS

DATE DE LA NOMINATION	MESSIEURS	FACULTÉS	DATE DE L'ENTRÉE DANS L'ENSEIGNEMENT SUPÉRIEUR
1887. 21 mars	LAROYENNE, ✳, I. Q.	Médecine	24 avril 1877.
1892. 25 janvier	VAUTIER, I. Q.	Sciences	8 octobre 1880.
1898. 30 juillet.	CHABOT, I. Q	Lettres	8 décembre 1894.
1898. 26 novembre	LEGRAND, I. Q.	Lettres	1er août 1891.

AGRÉGÉS

MESSIEURS	FACULTÉS	DATE DE L'INSTITUTION
CHANDELUX, I. Q	Médecine	21 juillet 1883.
BEAUVISAGE, I. Q	Médecine	10 septembre 1883.
LANNOIS, A. Q	Médecine	6 avril 1886.
WEILL, A. Q	Médecine	6 avril 1886.
ROQUE, A. Q	Médecine	21 mars 1889.
GANGOLPHE, A. Q	Médecine	12 juin 1889.
CONDAMIN A. Q	Médecine	5 août 1892.
DEVIC, A. Q	Médecine	5 août 1892.
POLLOSSON, Auguste, A. Q	Médecine	5 août 1892.
ROCHET, A. Q	Médecine	5 août 1892.
ROLLET, Étienne, A. Q	Médecine	5 août 1892.
ROUX, I. Q	Médecine	5 août 1892.
COLLET	Médecine	29 mars 1895.
BOYER, A. Q	Médecine	29 mars 1895.
BARRAL, A. Q	Médecine	25 juin 1895.
MOREAU, A. Q	Médecine	25 juin 1895.
VALLAS, A. Q	Médecine	27 juin 1895.
SIRAUD	Médecine	10 juillet 1895.
DURAND	Médecine	10 juillet 1895.
DOYON, A. Q	Médecine	10 juillet 1895.
LAMBERT	Droit	1er décembre 1896.
BOUVIER	Droit	1er décembre 1896.
LAMEIRE	Droit	10 novembre 1897.
PIC	Médecine	2 mars 1898.
PAVIOT	Médecine	2 mars 1898.
NOVÉ-JOSSERAND	Médecine	9 juin 1898.
BÉRARD	Médecine	9 juin 1898.
SAMBUC, A. Q	Médecine	28 juin 1898.
BORDIER, A. Q	Médecine	28 juin 1898.
JOSSERAND	Droit	5 juillet 1898.
BROUILHET	Droit	11 novembre 1899.
HUVELIN	Droit	20 novembre 1899.

AGRÉGÉS LIBRES

MESSIEURS	FACULTÉS	DATE DE L'INSTITUTION	DATE DE LA CESSATION DES SERVICES
VINCENT	Médecine . . .	25 juillet 1878.	1er novembre 1886
BOUVERET, A. Q . . .	Médecine . . .	21 avril 1880 . .	1er novembre 1889
PERRET, A. Q	Médecine . . .	21 avril 1880 . .	1er novembre 1895
VINAY, A. Q	Médecine . . .	21 avril 1880 . .	1er novembre 1889
POULLET, A. Q . . .	Médecine . . .	24 juillet 1883 .	1er novembre 1892
SABATIER	Médecine . . .	24 juillet 1883 .	1er novembre 1892
LINOSSIER, A. Q . .	Médecine . . .	24 juillet 1883 .	1er novembre 1893
JABOULAY, A. Q . . .	Médecine . . .	30 août 1886 . .	1er novembre 1895

CHARGÉS DE COURS

MESSIEURS	FACULTÉS	DATE DE LA NOMINATION À LYON
GONNESSIAT, I. Q	Sciences	21 octobre 1882.
LORET, I. Q	Lettres	22 février 1886.
HOLLEAUX, I. Q	Lettres	21 janvier 1888.
RIGOLLOT, I. Q	Sciences	1er avril 1898.
RICHE, A. Q	Sciences	1er avril 1898.
COUVREUR, A. Q	Sciences	1er avril 1898.
LEGHAT, I. Q	Lettres	21 avril 1898.
LESPAGNOL	Lettres	30 janvier 1899.
CAUSSE	Médecine . . .	1er mars 1899.

MAITRES DE CONFÉRENCES

MESSIEURS	FACULTÉS	DATE DE LA NOMINATION A LYON
AUTONNE, I. Q	Sciences . . .	28 octobre 1885.
GRUBER, I. Q	Lettres . . .	18 avril 1887.
CAULLERY, A. Q	Sciences . . .	23 décembre 1895.
COUTURIER, A. Q. . . .	Sciences . . .	31 juillet 1896.
CARTAN, A. Q.	Sciences . . .	21 octobre 1896.
HÉLIER	Sciences . . .	21 février 1898.
RAY	Sciences . . .	26 juillet 1898.
RENEL, A. Q	Lettres . . .	10 novembre 1898.
CHARLÉTY, A. Q. . . .	Lettres . . .	12 janvier 1899.
WEISS	Sciences . . .	24 juillet 1899.
COURANT, A. Q	Lettres . . .	1er mars 1900.

FACULTÉ DE DROIT
(Établie par Décret du 29 octobre 1875)

Liste des anciens professeurs, agrégés et chargés de cours

MM.

AUDIBERT, Charles-Adrien : agrégé (1878), professeur (16 décembre 1881), transféré à Paris le 29 juillet 1899.

BERTHÉLEMY, Henri : agrégé (31 mai 1884), professeur (4 avril 1892), transféré à Paris le 8 mars 1898.

BLONDEL, Georges ; chargé de cours (28 octobre 1885), a cessé ses fonctions en 1893.

BRÉMOND, Jules ; agrégé (29 octobre 1875), professeur (12 août 1878), transféré à Montpellier (12 juillet 1880).

CHARVÉRIAT, François ; agrégé (31 mai 1884), professeur à Alger (15 septembre 1884), décédé à Alger en 1889.

ÉNOU, Louis ; chargé de cours (5 novembre 1875), professeur (5 août 1879), décédé à Lyon le 8 novembre 1897.

GUERNIER, Charles ; chargé de cours (26 juillet 1898), agrégé à Lille (11 novembre 1899).

HANOTEAU, Charles ; agrégé (27 juin 1878), professeur (16 décembre 1881), décédé à Decize le 23 mai 1897.

LYSEUR, Paul ; agrégé (21 juillet 1880), professeur (4 avril 1892), transféré à Paris (2 octobre 1897).

MABIRE, Henri ; chargé de cours (29 octobre 1875), professeur (1er décembre 1877), retraité le 1er novembre 1898.

MICHEL, Henri ; agrégé (29 octobre 1875), transféré à Paris (27 juin 1878), décédé à Paris le 25 novembre 1895.

MORIN, Ernest ; chargé de cours (29 octobre 1875), a cessé ses fonctions en 1879.

RAMBAUD, Jules ; chargé de cours (29 octobre 1875), a cessé ses fonctions en 1877, décédé à Arciat (Ain), le 26 octobre 1898.

SAUZET, Marc ; chargé de cours (21 juillet 1880), agrégé (28 juillet 1881), transféré à Paris (7 août 1891).

THALLER, Edmond ; agrégé (27 août 1877), professeur (5 août 1879), transféré à Paris le 7 novembre 1893.

FACULTÉ DE MÉDECINE

Liste des professeurs ou agrégés de la Faculté ou de l'ancienne École de Médecine de Lyon morts depuis l'origine de l'École.

NOMS	FONCTIONS	DATE DE LA MORT
COLRAT	Professeur titulaire à l'École	11 juillet 1856.
SÉNAC	— — —	17 mars 1858.
BRACHET	— adjoint —	10 avril 1858.
BONNET	— titulaire —	1er décembre 1858.
DEVAY	— — —	8 juillet 1863.
RICHARD	— — —	1er février 1865.
BARRIER	— — —	10 juillet 1870.
CHATIN	— suppléant —	6 janvier 1873.
CHAUVIN	— adjoint —	21 janvier 1873.
PÉTREQUIN	— titulaire —	1er juin 1876.
FOLTZ	— — —	18 novembre 1876.
VALETTE	— — —	17 décembre 1876.
GROMIER	Professeur titulaire à l'École et à la Faculté.	8 septembre 1878.
DAVALLON	Professeur adjoint à l'École.	21 juin 1882.
ARTHAUD	Professeur titulaire à la Faculté	17 mars 1883.
SOCQUET	Professeur titulaire à l'École.	10 septembre 1883.
LÉTIÉVANT	— adjoint à la Faculté	7 juin 1884.
PICARD	— titulaire —	13 mai 1885.
RAMBAUD	Profr titul. à l'École et Profr adjt à la Faculté.	2 décembre 1887.
B. TEISSIER	Professeur titulaire à l'École et à la Faculté.	22 février 1889.
PERROUD	Professeur adjoint à la Faculté	26 février 1889.
D. MOLLIÈRE	Chargé des fonctions d'agrégé à la Faculté.	20 janvier 1890.
CAUVET	Professeur titulaire à la Faculté	23 janvier 1890.
L. TRIPIER	— — —	6 décembre 1891.
LAURE	Agrégé titulaire à la Faculté	29 décembre 1891.
P. MEYNET	Chargé des fonctions d'agrégé à la Faculté.	13 février 1893.
GLÉNARD	Professeur titulaire à l'École et à la Faculté.	28 avril 1894.
ROLLET	Professeur titulaire à la Faculté	2 août 1894.
LÉVRAT	Agrégé titulaire —	9 décembre 1895.
DIDELOT	— — —	25 mars 1896.
BOUCHACOURT	Professeur titulaire à l'École et à la Faculté	6 octobre 1898.

FACULTÉ DES SCIENCES

CHAIRE DE MATHÉMATIQUES PURES

(Créée en 1809, supprimée en 1815,
rétablie avec la Faculté le 9 décembre 1833).

M. Roux (1807-1815) : M. Cournot (1831-1835) ; M. Faurie (1835-1837) :
M. Bouquet (1815-1852); M. Gisclard (1853-1855); M. Frenet (1855-1865) :
M. Lafon (1865-1896) : M. Vessiot (1897).

CHAIRE DE MATHÉMATIQUES APPLIQUÉES

(Créée en 1809, supprimée en 1815, rétablie en 1833).

M. Mollet (1809-1815); M. Clerc (1831-1838) ; M. Bravais (1841-1845) ;
M. Briot (1845-1848) : M. Frenet (1848-1855): M. Blavette (1857-1858);
M. Dieu (1858-1877) : M. Allégret (1877-1896) : M. Flamme (1897).

CHAIRE D'ASTRONOMIE PHYSIQUE

(Créée par décret du 3 octobre 1876).

M. André (6 novembre 1876).

CHAIRE DE PHYSIQUE

(Créée en 1809, supprimée en 1815, rétablie en 1833).

M. Guillemet (1809-1815) : M. Tabareau (1831-1862) ; M. Merget (1862-
1873) : M. Duclaux (1873-1879); M. Violle (1879-1885) : M. Gouy (1885).

CHAIRE DE CHIMIE GÉNÉRALE

(Créée en 1809, supprimée en 1815, rétablie en 1833).

M. Socquet (1809-1815) ; M. Boussingault (1833-1836) : M. Bineau
(1836-1861) : M. Loir (1851-1884) : M. Barbier (1884).

CHAIRE DE CHIMIE APPLIQUÉE A L'INDUSTRIE ET A L'AGRICULTURE

(Créée le 25 janvier 1876).

M. Raulin (1876-1896) ; M. Vignon (1896).

CHAIRE DE MINÉRALOGIE

(Créée le 1ᵉʳ janvier 1895).

M. Offret (1895).

CHAIRE DE PHYSIOLOGIE

(Créée en 1884).

M. Arloing (1884-1887) ; M. Dubois (1887).

CHAIRE D'HISTOIRE NATURELLE

(Créée en 1809, supprimée en 1815).

M. Mouton-Fontenille (1809-1815).

CHAIRE DE ZOOLOGIE

(Créée en 1833).

M. Jourdan (1834-1870) ; M. Lortet (1870-1877) ; M. Sicard (1877-1894) ; M. Kœhler (1894).

CHAIRE DE BOTANIQUE

(Créée en 1833).

M. Seringe (1834-1858) ; M. Faivre (1858-1879) ; M. Dutailly (1879-1881) ; M. Guignard (1883-1887) ; M. Gérard (1887).

CHAIRE DE GÉOLOGIE

(Créée en 1833).

M. Fournet (1834-1869) ; M. Berthaud (1872-1888) ; M. Depéret (1888).

FACULTÉ DES LETTRES

Anciens professeurs,
maîtres de conférences et chargés de cours

ANSTETT, ✝ 1887.

BAYET, doyen honoraire, directeur au Ministère de l'Instruction publique.

BELOT, ✝ 1886.

BERLIOUX, professeur honoraire.

BESSON, ✝ 1833.

BOUILLIER, ✝ 1899.

BOURGEOIS, maître de conférences à l'École Normale.

BOURGUET, maître de conférences à Montpellier.

BRUNOT, maître de conférences à la Sorbonne.

CLAVEL, professeur honoraire.

CLERC, ✝ 1847.

CUCUEL, ✝ 1891.

DARESTE DE LA CHAVANNE, ✝ 1882.

DAURIAC, professeur à la Faculté de Montpellier.

DEMOGEOT, ✝ 1891.

DEMONS, ✝ 1866.

DURAND, maître de conférences à l'École normale supérieure.

EICHHOFF, ✝ 1875.

FERRAZ, ✝ 1898.

FRANÇOIS, ✝ 1858.

GALLOIS, maître de conférences à l'École normale.

GOURJU, ✝ 1814.

HEINRICH, ✝ 1887.

HIGNARD, 1893.

IDT, ✝ 1855.

LAFAYE, maître de conférences à la Sorbonne.

DE LAPRADE, ✝ 1883.

LECONTE, professeur au Lycée Condorcet.

LEFÉBURE, professeur à l'École d'Alger.

MAIGNIEN, ✝ 1871.

MAIGRON, professeur au lycée de Lyon.

MARTHA, professeur à la Sorbonne.

MONIER, professeur à Montauban.

MOREL, à l'École des Hautes Études, Paris.

NOMPÈRE DE CHAMPAGNY, ✝ 1827.

PLESSIS, maître de conférences à l'École normale.

POUPAR, ✝ 1827.

QUATREVAUX, ✝ 1897.

QUINET, ✝ 1875.

REYNAUD, ✝ 1845.

RIEFFEL-SCHUMEN, maître de conférences à la Sorbonne.

SOURÉ (Philibert), professeur honoraire.

SOURIAU, professeur à la Faculté de Nancy.

TABARD, ✝ 1821.

THAMIN, professeur au Lycée Condorcet.

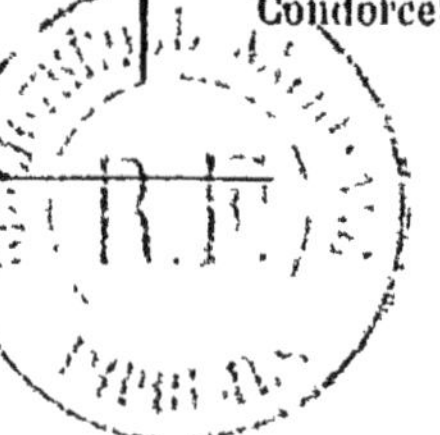

INAUGURATION

DE

L'INSTITUT DE CHIMIE

le 7 janvier 1900

L'inauguration solennelle de l'Institut de Chimie de l'Université de Lyon a eu lieu le dimanche 7 janvier 1900, dans le grand amphithéâtre de la Faculté de Médecine, sous la présidence de M. Georges Leygues, ministre de l'Instruction publique et des Beaux-Arts.

A deux heures précises, M. le Ministre de l'Instruction publique; M. de Lanessan, député du Rhône et ministre de la Marine; M. Liard, conseiller d'État, directeur de l'Enseignement supérieur; M. Gabriel Compayré, recteur de l'Académie de Lyon, président du Conseil de l'Université; M. Caillemer, doyen de la Faculté de Droit, vice-président du Conseil; M. Lortet, doyen de la Faculté mixte de Médecine et de Pharmacie; M. Depéret, doyen de la Faculté des Sciences; M. Clédat, doyen

de la Faculté des Lettres, sont entrés en séance.
Avec eux ont pris place sur l'estrade : M. DEJEAN,
chef du cabinet de M. le Ministre de l'Instruction
publique ; MM. les Membres du Conseil de l'Université ; MM. les Professeurs et Agrégés des Facultés
de Droit, de Médecine, des Sciences et des Lettres,
tous en grand costume officiel ; M. BIANCONI, inspecteur d'Académie en résidence à Lyon ; M. le Provi-
seur et une députation de MM. les Professeurs du
Lycée Ampère.

Dans l'hémicycle, aux places d'honneur, étaient
assis : M. le général ZÉDÉ, membre du Conseil
supérieur de la Guerre, gouverneur militaire de
Lyon, commandant le 14ᵉ corps d'armée ; M. LE
ROUX, préfet du département du Rhône ; M. le
Dᵣ GAILLETON, maire de Lyon ; M. le général MUZEAU,
commandant supérieur de la défense de Lyon ;
M. THÉVENET, sénateur du Rhône ; MM. GENET,
GOURD, KRAUSS, PALIX, Fleury RAVARIN, députés du
Rhône ; M. LAGRANGE, président du Conseil général
du département du Rhône ; M. MORAS, procureur
général près la Cour d'appel de Lyon ; M. le général
de GEFFRIER, adjoint au commandant supérieur de
la défense de Lyon ; M. le général PELOUX, chef

d'état-major du 14ᵉ corps d'armée ; M. le médecin inspecteur NOGIER, directeur de l'École du service de santé militaire ; M. le médecin inspecteur CLAUDOT, directeur du service de santé du 14ᵉ corps d'armée ; M. LIGNON, président du tribunal de commerce de Lyon ; M. SABRAN, président du Conseil général d'administration des Hospices civils de Lyon ; M. le pasteur PUYROCHE, président du Consistoire de l'Église réformée ; M. le grand rabbin LÉVY ; MM. JUST et MARTY, secrétaires généraux de la préfecture du Rhône ; M. MARTIN, vice-président du Conseil de préfecture du Rhône ; M. ISAAC, président de la Chambre de commerce de Lyon ; M. Félix MANGINI, président, MM. OBERKAMPFF et Jules CAMBEFORT, vice-présidents, M. Ennemond MOREL, trésorier, M. Joseph GARIN, secrétaire de la Société des Amis de l'Université de Lyon ; MM. OLLIER et BEAUNE, présidents de l'Académie des sciences, belles-lettres et arts de Lyon ; M. ANNE-QUIN, sous-directeur de l'École du service de santé militaire ; M. PIOTET, président du Conseil d'administration de l'École de commerce de Lyon ; M. POULLAIN, membre de la Chambre de commerce de Paris, président du Syndicat général de l'industrie des cuirs et peaux de la France à Paris, M. Prévot, trésorier, et M. Jossien, membre du même Syndicat ; M. Perrin, président, et M. Vourloud, vice-président du Syndicat de l'Industrie des cuirs du département du Rhône et de la région, etc., etc.

Le reste de l'hémicycle et les gradins de l'amphithéâtre étaient occupés par des membres du Conseil général du Rhône et du Conseil municipal de Lyon ; par des magistrats de la Cour d'appel, du Conseil de préfecture et du Tribunal de première instance ; par des membres de la Chambre de commerce et du Conseil général d'administration des Hospices ; par les représentants de la Presse et par un grand nombre de dames.

Des places spéciales avaient été attribuées à Madame Jules Raulin et à ses enfants.

Les étudiants des quatre Facultés étaient groupés dans les tribunes, autour du drapeau de leur Association générale.

M. le Ministre de l'Instruction publique, après avoir déclaré la séance ouverte, a donné la parole à M. le Recteur de l'Académie, Président du Conseil de l'Université, qui a prononcé le discours suivant :

Monsieur le Ministre,

Il y a cinq ans de cela, le 4 juillet 1894, M. le Ministre de l'Instruction publique écrivait à mon prédécesseur :

« La réunion de tous les services de chimie dans un « même bâtiment permettrait de réaliser à Lyon une « institution unique, digne de cette ville savante et « industrielle, digne de son Université florissante... »

Et M. le Ministre ajoutait :

« Il ne sera nullement nécessaire d'édifier un monu- « ment; la ville de Lyon a doté ses Facultés de fort « beaux édifices : ce dont elles ont besoin maintenant, « ce sont des ateliers... »

Cette lettre officielle, c'est de votre propre nom qu'elle était signée, Monsieur le Ministre, et le programme si sage que vous traciez alors, nous sommes heureux que ce soit vous encore qui veniez aujourd'hui constater s'il a été bien rempli.

L'Université de Lyon a de belles façades qu'elle doit à d'habiles architectes : — je ne parle pas seulement de celles qui décorent les bords du Rhône, nous espérons avoir un jour l'honneur de vous en montrer une autre, fort jolie, sur le rivage de la Méditerranée. — Mais, ici, dans son Institut de chimie, l'Université n'a voulu construire que des ateliers, appropriés à la recherche scientifique et au travail technique. Le temple qu'elle a élevé à la science n'est pas un palais de marbre, ni même de pierres de taille : c'est une construction de matériaux démocratiques, en mâchefer et en ciment.

Un maître de la chimie, M. Moissan, parodiant le dicton connu : « Pour faire un canon, il faut prendre un trou, et mettre du bronze autour », disait plaisamment : « De même, pour faire un Institut chimique idéal, il faut avoir un jardin et l'entourer de beaucoup de laboratoires... » Le jardin, nous l'avons : un peu en raccourci, il est vrai, car il a fallu le rogner, pour installer les amphithéâtres, deux grands *auditoria*, dans chacun desquels trois cents étudiants seront à l'aise. Mais, du moins, rien n'a été retranché de l'espace que réclamaient pour leur légitime ampleur les salles réservées au travail, soit des maîtres, soit des élèves. Des laboratoires, nous en avons partout, au rez-de-chaussée, au premier étage, jusque dans les sous-sols. Sur un terrain dont la superficie est d'environ cinq mille mètres carrés, on a établi plus de trois mille mètres de constructions : ce qui, avec trois étages, donne plus de neuf mille mètres d'espace, d'espace machiné et outillé.

Nos constructeurs et nos professeurs sont allés étudier sur place à l'étranger les installations les plus renommées. Nos amphithéâtres et nos laboratoires rappellent ceux de Zurich, de Strasbourg et d'Heidelberg. Rien enfin n'a été négligé de ce qui pouvait, dans le détail de l'aménagement, nous rapprocher de la perfection. Et c'est avec confiance que nous ouvrons aux travailleurs ce vaste champ, où nous espérons bien que la moisson sera abondante et brillante, soit pour l'étude et pour l'enseignement, soit pour la science et pour la découverte.

L'entreprise longue et laborieuse dont nous vous remercions d'être venu consacrer l'achèvement aura été une des premières manifestations de la vie nouvelle des Universités. Et, à ce titre déjà, elle doit réjouir tous ceux qui, comme vous, M. le Ministre, et comme votre éminent collaborateur, M. Liard, ont été les inspirateurs et les ouvriers de la loi du 10 juillet 1896. Sans doute, nous n'oublions pas ce que nous devons à l'État : les 650.000 francs de subvention qu'il nous a accordés, ni ce que nous devons aussi, soit à la Ville de Lyon, — le terrain d'une valeur de 450.000 francs, qui supporte l'édifice, — soit au Conseil général du Rhône, qui nous est venu en aide par une allocation de 50.000 francs. Mais une part considérable de l'œuvre n'en revient pas moins à l'Université de Lyon elle-même, puisqu'elle a réalisé sur ses ressources propres environ la moitié des frais de construction et d'aménagement, puisqu'elle s'est endettée, puisqu'elle s'est appauvrie pour de longues années, en contractant un emprunt de près de 600.000 francs. Elle ne le regrette pas : elle a conscience d'avoir fait œuvre utile, d'avoir fait œuvre d'Université, en affectant un gros morceau de sa fortune collective aux besoins de quelques-uns de ses professeurs et d'une partie de ses étudiants, et en affirmant ainsi, par le premier de ses actes, la solidarité matérielle et morale qui doit unir l'une à l'autre dans une collaboration féconde les diverses Facultés dont elle se compose.

Les dépenses ont été importantes ; — 1.300.000 francs environ. — Elles auraient été plus fortes encore si nous n'avions pas eu la bonne fortune de trouver pour constructeurs des hommes qui à l'habileté profession-nelle, à l'entente de l'économie, joignaient un dévoue-ment personnel à l'Université de Lyon. M. Mangini, président de la Société des logements économiques, s'est rappelé qu'il était en même temps président de la Société des Amis de l'Université lyonnaise. Et il nous l'a prouvé, une fois de plus, en acceptant de comprendre l'Institut de chimie dans le programme de ses constructions philanthropiques; en se chargeant, avec son distingué collaborateur, M. Germain, d'une entreprise délicate, sans y chercher d'autre profit que la satisfaction de nous avoir rendu service, et en apportant à cette coopération généreuse, avec le zèle de l'amitié, le souci de ménager les finances un peu frêles d'une Université naissante.

Malgré cet effort manifeste d'économie, alors que le programme a été : « Toutes les dépenses utiles, aucune dépense superflue », dira-t-on que l'opération a été encore trop coûteuse ? Mais l'exemple de ce qui s'est fait ailleurs est de nature à nous rassurer. Rappellerai-je qu'à Berlin, lors de la récente recons-truction de l'Institut chimique, créé par Hofmann en 1868, on a dépensé près de 1.500.000 francs ? Et en France, l'Institut de chimie de Lille, qui n'a été

aménagé, nous dit-on, que pour une centaine d'élèves.
a coûté, construit en briques, environ 500.000 francs,

L'Institut de Lyon aura coûté trois fois plus ; mais
aussi est-il destiné, dès ses débuts et sans parler des
progrès futurs, à recevoir bien près de 600 élèves,
dont il est facile de faire le compte : — pour le certificat P. C. N., 150 en moyenne ; pour les différents
certificats préparatoires aux licences scientifiques, une
cinquantaine au minimum ; à l'École de chimie industrielle, 36 l'année dernière, cette année 52, et dans
un avenir prochain peut-être une centaine ; en outre,
du côté de la médecine, au moins 200 étudiants de
deuxième année, 100 étudiants de pharmacie de
première et de deuxième année...

Assurément, on aurait pu concevoir autrement
l'organisation de cette usine scientifique, en la réservant
tout entière à la chimie industrielle et aux applications de la science. Mais la conception qui a prévalu,
outre qu'elle nous était imposée par la nécessité de
donner un peu d'air aux autres services de la Faculté
de Médecine et de la Faculté des Sciences, qui étouf-
faient dans leurs locaux devenus trop étroits, avait sa
raison d'être. On a pensé qu'il ne fallait pas séparer
dans l'espace ce qui est uni dans la logique des choses
et dans la réalité des faits : la source et les ruisseaux
qu'elle alimente, le principe et les conséquences, la
théorie et la pratique. Loin qu'il y ait opposition, il y
a des rapports intimes, il y a filiation et connexité
entre la chimie générale et théorique et la chimie
appliquée. Des critiques, un peu pressés, qui nous ont

condamnés avant même que notre œuvre fût terminée, ont prétendu que nous faisions fausse route, que ce serait en vain que nous dirions aux quatre professeurs de deux Facultés différentes : « Réunissez-vous », qu'ils ne se réuniraient pas... La réunion est faite, et nous en attendons les meilleurs résultats. Nous comptons que de cette réunion sous le même toit résultera une sorte de pénétration réciproque, une émulation de travail et de recherche, et comme une âme commune rayonnant dans la diversité des organes multiples qui restent distincts et séparés.

Dans cet Institut, en effet, il n'est pas question, comme nos critiques ont paru le croire, d'appeler à travailler dans les mêmes laboratoires des étudiants d'origine diverse. Non, chacun des services demeure indépendant l'un de l'autre. La maison est une ; mais la division du travail y est complète. Le but a été, non de poursuivre une fusion qui aurait tourné à la confusion, mais tout au contraire d'attribuer à chaque professeur et à ses élèves des locaux spéciaux, image de la spécialité de leurs travaux, et de leur assurer une pleine indépendance.

D'une part, on enseignera ici tout ce que la spéculation scientifique, dans les diverses branches de la chimie, a déjà conquis de vérités générales ; le devoir d'un homme d'Université étant avant tout « de se tenir sur la crête la plus avancée des vagues de la pensée scientifique », ces vagues qui s'avancent toujours plus près du rivage de l'inconnu et de l'inconnaissable. Mais on ne négligera point l'autre fonction d'une Université moderne, qui est d'utiliser les connaissances déjà acquises. Ce n'est pas ici qu'on s'imaginerait que la valeur de la science s'accroît à proportion qu'elle est moins utile, ni qu'on applaudirait à ce propos étrange d'un savant américain, qui, ayant démontré un nouveau théorème original de hautes mathématiques, s'écriait : « Ce théorème est vrai, et, Dieu merci, il ne servira à personne ! » Non, à chaque progrès de la pensée et de la recherche, il faut que corresponde un progrès de la pratique. La connaissance accrue doit accroître la puissance. L'enseignement théorique ne vaut pas seulement par ce qu'il découvre de vérités, mais par ce qu'il rend possibles de réalités nouvelles. Seul l'enseignement théorique peut préparer le renouvellement de l'outillage, le perfectionnement des méthodes, la solution des questions nouvelles, et empêcher la perpétuité néfaste et l'immobilité ruineuse de la routine industrielle.

Jamais plus qu'aujourd'hui, Messieurs, il n'a été nécessaire de rappeler à la science ses devoirs envers l'industrie, l'obligation stricte qui lui est imposée de démontrer toujours davantage son efficacité économique, son action pratique. L'exemple de l'Allemagne n'est-il pas là pour nous instruire, en nous prouvant que la première des nations philosophiques peut être aussi la première des nations industrielles ? Sur la foi de quelques métaphysiciens transcendants, nous avions imaginé une Allemagne idéaliste, perdue dans les nuages de la contemplation, — de même que, sur la foi de quelques-uns de nos littérateurs, les étrangers

jugent parfois la France légère et corrompue; —
l'Allemagne nous a durement détrompés, et sur tous
les terrains. Loin de s'égarer dans les rêveries, elle
s'est enfoncée dans les recherches positives. Son
industrie témoigne d'une prospérité croissante, et cette
prospérité, tout le monde est d'accord pour l'attribuer
en partie à la direction imprimée aux études, à une
meilleure organisation du travail scientifique. Sans
négliger le développement des connaissances théoriques
approfondies, l'Allemagne a fondé par centaines des
Écoles techniques, d'où sont sortis des milliers de
chimistes, qui aujourd'hui peuplent les teintureries, les
usines de produits chimiques, les fabriques de tissus
imprimés. Comment ne pas entendre le cri d'alarme
jeté par M. Moissan, par M. Haller, pour ne citer que
ceux-là, quand ils nous disent l'infériorité manifeste de
nos établissements d'enseignement chimique comparés
à ceux de l'Allemagne?

C'est de ces préoccupations, c'est de la pensée de
venir en aide à l'industrie chimique française, dont
M. Haller disait que « son avenir est loin d'être rassu-
rant », qu'est sortie en partie la pensée créatrice de
l'Institut lyonnais. Et nous ne saurions réserver trop de
reconnaissance à l'homme qui en a le premier conçu
la création, qui a été l'ouvrier de la première heure, à
notre cher et regretté Doyen de la Faculté des Sciences,
M. Jules Raulin, mort trop tôt pour voir réaliser le
rêve de sa vie, l'œuvre qu'il avait poursuivie avec une
infatigable activité. Il méritait bien que l'Université
de Lyon, dans sa gratitude, inscrivît sur le socle

de son buste, que nous avons inauguré ce matin,
ces mots qui disent tout : « A M. le Professeur Raulin,
fondateur de l'Institut de chimie. » Il avait rêvé, lui,
d'une autre inscription. Dans un appel qu'il projetait
d'adresser à la libéralité des Lyonnais, il disait :
« Vous encouragez une foule d'œuvres de bienfai-
sance ; vous donnez des millions pour construire
d'admirables cathédrales ; aujourd'hui nous vous
demandons une obole pour élever un temple en
l'honneur de la chimie, à laquelle Lyon doit une
partie de sa richesse, un temple qui servira à l'enrichir
encore, et sur lequel il faudra écrire : « A la Chimie,
l'Industrie lyonnaise reconnaissante ! »

Cet appel, nous le renouvelons, Messieurs, surtout
pour dire qu'il a déjà été entendu, et avec l'espoir qu'il
le sera encore. Un bienfaiteur nouveau, dont je tairai le
nom pour ne pas offenser la noblesse de ses sentiments,
a bien voulu tout récemment, par l'intermédiaire
de notre bienfaitrice ordinaire, la Société des
Amis de l'Université, faire don à l'Institut chimique
d'une somme de 20.000 francs, dont le revenu
est destiné à acheter d'abord des instruments de laboratoire, ensuite à constituer des bourses de voyage à
l'étranger pour de jeunes étudiants chimistes. Puisse
cet exemple être suivi ! Quelque effort qui ait été
accompli en effet pour doter nos laboratoires de tout ce
qu'exigent des recherches délicates, des expériences
minutieuses, il s'en faut que nous n'ayons plus rien à
souhaiter.

La science, dans ses conditions actuelles, ne suppose

pas seulement des cerveaux qui pensent et qui raison-
nent : elle exige de plus en plus, pour l'observation,
pour l'expérimentation, des outils, des instruments
matériels. Et, malgré des accroissements incessants,
notre outillage ne sera jamais complet. Sans compter
que de nouvelles applications aux industries si nombreuses dépendantes de la chimie, — comme, par
exemple, l'École de tannerie qui vient de s'ouvrir, —
réclameront un matériel nouveau. Dès à présent, nous
constatons qu'il nous manque un musée industriel, pour
lequel la place est toute trouvée dans les deux grandes
salles situées au-dessus des amphithéâtres ; mais ces
salles, il reste à les remplir...

Tel qu'il est, pourtant, et sans escompter les espérances de l'avenir, l'Institut de Chimie de l'Université
de Lyon possède tous les organes essentiels de ses
multiples fonctions. Ni l'air, ni la lumière ne lui manquent : par de larges baies ouvertes sur le dehors, il
puise dans le ciel lyonnais tout ce que ce ciel peut
donner de clarté matérielle. Et au dedans, avec quatre
professeurs éminents, aidés par quatre maîtres de
conférences, par une vingtaine de chefs de travaux
et de préparateurs, il constitue une force enseignante
remarquable qui ouvrira les intelligences de plusieurs
centaines de jeunes hommes à la lumière intellectuelle
de l'esprit scientifique.

Fondé sous d'heureux auspices, puisque vous aurez,
Monsieur le Ministre, présidé à sa naissance, l'Institut
de Chimie complétera heureusement le groupe imposant
de nos quatre Facultés. Il joint à toutes ses autres

bonnes fortunes celle d'un heureux voisinage. Séparé des Facultés, dont il dépend, par une distance d'une centaine de mètres à peine, il est, ou il sera, le centre de tout un quartier scientifique. Déjà, il a pour voisine, à sa droite, l'École du Service de Santé militaire. Demain, en vertu de l'affinité secrète qui tend à rapprocher toutes les institutions savantes, il verra s'installer à sa gauche, l'École Centrale lyonnaise, qui lui enverra quelques-uns de ses élèves. Après-demain, ou un peu plus tard,... s'élèvera un peu plus loin l'Institut Pasteur de Lyon. . De sorte que, par ce vaste ensemble de constructions, ce sera sur cette rive du Rhône, déserte et couverte d'herbe il y a vingt-cinq ans, un rapide et brillant épanouissement d'une grande cité universitaire !...

L'Institut de Chimie n'est, d'ailleurs, qu'un des fleurons de la couronne universitaire de Lyon. Cette jeune Université, dont vous disiez vous-même, Monsieur le Ministre, en 1894, lors d'un voyage que nous n'avons pas oublié, « qu'elle vous étonnait par la vigueur de son développement », a essayé, depuis qu'elle est légalement constituée, de justifier la bienveillance de vos éloges. Elle a manifesté son activité par la création de plus de trente enseignements nouveaux. Elle tend de plus en plus, comme c'est son devoir, à embrasser l'universalité du savoir humain.

Parmi toutes ces fondations qu'il serait trop long d'énumérer, je demanderai la permission à M. le Ministre des Beaux-Arts de lui signaler celle d'une conférence de l'histoire de l'art, complément nécessaire

du beau musée de moulages qu'il a bien voulu visiter
ce matin. Et pour donner les nouvelles de la dernière
heure, je signalerai aussi, cette fois à M. le Ministre
de la Marine, — dont nous sommes heureux de saluer
la présence dans cette solennité, — la création d'une
conférence de chinois. Grâce à la générosité du gouverneur actuel de l'Indo-Chine, — vous ne désavouerez
certainement pas, Monsieur le Ministre, l'acte de votre
successeur, — grâce à la bienveillance de notre puissante amie, la Chambre de Commerce de Lyon, — qui
ne se contente pas d'être la bienfaitrice de notre École
de Chimie industrielle et qui veut bien reconnaître
que nous pouvons collaborer avec elle sur d'autres
terrains, — l'enseignement du chinois, en attendant celui
de l'arabe, va être ajouté à ceux que nous possédions
déjà pour les langues sanscrite et égyptienne; — afin
qu'il soit bien établi que la ville de Lyon ne donne pas
seulement ses capitaux pour le développement de la
puissance coloniale de la France, qu'elle sait aussi
outiller intellectuellement ceux de ses enfants qui
s'expatrient, qui vouent leur vie aux affaires commer-
ciales dans le monde entier, parce qu'ils veulent « une
France plus grande ».

Messieurs, l'alliance de la science avec le commerce
et l'industrie se réalisera de plus en plus, parce qu'elle
est la condition nécessaire du progrès matériel d'une
grande et laborieuse nation. Mais cela n'est qu'un point
de notre programme, et nous poursuivons une autre
alliance encore, qui n'est pas moins souhaitable : celle
de la science et de l'action morale et sociale. Nous

souhaitons que l'Université de Lyon ne soit pas « la tour d'ivoire », où le savant, où le lettré s'enferment dans la contemplation de la beauté idéale, dans la méditation de la vérité abstraite. Nous voulons qu'elle soit une des éducatrices de l'esprit public, un foyer de rayonnement d'idées pratiques, de vérités concrètes, afin que, pour sa part, elle fasse de la cité lyonnaise et de la région une province aussi puissante dans le domaine des forces morales que dans celui de la richesse économique, et qu'encouragée dans ses ambitions par votre précieuse visite, Monsieur le Ministre, elle contribue, comme toutes les autres Universités de France, dans le siècle nouveau où nous allons entrer, à l'organisation d'une démocratie libérale et au maintien des hautes destinées de la patrie française.

Après le discours de M. le Recteur, la parole a été donnée successivement par M. le Ministre à M. BARBIER, professeur de Chimie générale, à M. CAZENEUVE, professeur de Chimie organique et de Toxicologie, et à M. VIGNON, professeur de Chimie appliquée à l'agriculture et à l'industrie.

DISCOURS DE M. BARBIER

Monsieur le Ministre,

L'enseignement de la chimie générale à Lyon a subi, depuis sa création, une suite de transformations que je demande la permission de rappeler brièvement pour bien mettre en lumière les progrès considérables qui ont été réalisés.

Au début de la Faculté des Sciences, c'est-à-dire en 1808, l'enseignement de la chimie générale fut organisé dans une partie des bâtiments du Lycée; cette installation consistait en une salle de cours et un petit laboratoire où se préparaient les expériences destinées à figurer aux leçons. À cette époque, il n'était pas question de travaux pratiques ni de recherches. Cet état de choses dura jusqu'à la suppression de la Faculté des Sciences qui eut lieu en 1816.

Lorsque la Faculté des Sciences fut rétablie par ordonnance du 23 décembre 1833, les cours de chimie furent professés jusqu'en 1865 dans l'ancienne chapelle de la Trinité située de l'autre côté de la rue Ménestrier, local qui sert actuellement de gymnase. La chaire de chimie fut alors brillamment occupée par les professeurs Tabareau, Boussingault et Bineau, dont les remarquables travaux sont connus de tous les savants.

Bien que supérieure à la première, cette seconde installation ne permettait pas d'admettre dans les laboratoires les personnes désireuses de se livrer à des études approfondies de chimie.

En 1865, après l'agrandissement du Palais Saint-Pierre, rendu nécessaire par l'exécution de la rue de l'Hôtel-de-Ville, la municipalité mit à la disposition de la Faculté des Sciences une partie des nouvelles corstructions, et ce fut dans les greniers de cet édifice que se transportèrent les laboratoires de chimie.

Malgré les inconvénients multiples que présentait cette situation, ce nouveau changement réalisa un véritable progrès, car il permit d'installer, à côté du laboratoire du professeur, un laboratoire assez vaste destiné aux étudiants. A partir de cette nouvelle période, l'enseignement de la chimie se développa véritablement et les étudiants, sous la direction éclairée de M. le professeur Loir, purent se livrer à l'étude pratique de la chimie analytique qualitative et quantitative.

Vers 1870, l'enseignement scientifique prit un nouvel essor; on créa deux chaires nouvelles, un personnel enseignant nouveau, qui, sous le titre de maîtres de conférences ou de chargés de cours complémentaires, devint l'auxiliaire du professeur en développant les branches de la science que ne comportait pas le cours magistral.

Ces créations et l'accroissement progressif du nombre des étudiants ne tardèrent pas à nécessiter un nouveau déplacement. En 1883, c'est-à-dire après un séjour de dix-huit ans au Palais Saint-Pierre, le service de chimie générale vint s'installer en même temps que les autres services de la Faculté des Sciences dans une partie des bâtiments du quai Claude-Bernard primitivement destinés à la Faculté de Médecine.

Les locaux spacieux mis à la disposition de la chimie générale, incomparablement supérieurs aux précédents, présentaient cependant l'inconvénient grave de n'avoir pas été créés en prévision des besoins de leur destination future ; de là des pertes d'espace, des défauts d'aménagement, qui diminuèrent singulièrement l'importance des avantages que l'on était en droit d'espérer.

Néanmoins l'enseignement théorique et pratique fonctionna régulièrement et d'une façon plus complète ; les travaux de recherches scientifiques prirent de l'extension et les diverses branches de la chimie commencèrent à être l'objet d'études plus détaillées.

La création du nouvel enseignement des sciences physiques, chimiques et naturelles, qui fut organisé en 1894, en amenant à la Faculté des Sciences un nombre considérable d'étudiants, produisit un encombrement tel que de nouveaux agrandissements du service de chimie générale furent jugés d'une urgence immédiate.

C'est alors que notre regretté Doyen, Jules Raulin, avec la patience et l'énergie qu'il apportait à toutes ses entreprises, s'occupa de la création d'un Institut de chimie destiné à recevoir les services de chimie des deux Facultés de Médecine et des Sciences.

Commencé en 1896, l'Institut de chimie fut achevé en moins de trois années, et l'Université de Lyon prit possession des nouveaux locaux à la rentrée du 3 novembre 1899.

L'installation actuelle de la chimie générale se compose de deux parties très distinctes : l'enseignement et les recherches scientifiques. Au rez-de-chaussée, spécialement réservé à l'enseignement, se trouvent quatre laboratoires très spacieux et très éclairés, une salle isolée pour les traitements à l'hydrogène sulfuré, et deux laboratoires où s'effectue la préparation des cours et des manipulations. Deux de ces laboratoires reçoivent les étudiants du nouvel enseignement ; ils s'y exercent aux manipulations et à la pratique de l'analyse chimique.

Les deux autres laboratoires sont réservés aux aspirants à la licence ; l'enseignement pratique qu'ils y recevront ne restera pas limité aux seules matières exigées par les programmes. L'analyse quantitative volumétrique et pondérale, l'analyse organique et même l'analyse électrolytique, que l'on avait négligées jusqu'à présent en raison de l'insuffisance des installations antérieures, seront pratiquées avec tous les développements nécessaires.

Le premier étage, exclusivement affecté aux recherches scientifiques, comprend les laboratoires du professeur et du maître de conférences, deux salles d'analyse minérale et organique, une pièce pour les balances et la bibliothèque, le cabinet de physique et la chambre noire.

Un vaste laboratoire est mis à la disposition des savants qui veulent se livrer à des recherches originales et des étudiants qui désirent préparer une thèse de doctorat.

Enfin un laboratoire d'électro-chimie et une salle spécialement outillée pour l'étude des gaz viennent compléter l'ensemble de ces installations.

Dans les sous-sols se trouvent : un laboratoire de calorimétrie et de cryoscopie, une étuve pour les fermentations, les machines, les appareils distillatoires, les autoclaves, et les fours à hautes températures.

Cette seule énumération suffit pour donner une idée de l'importance des nouveaux services, qui peuvent dès maintenant soutenir avantageusement la comparaison avec les meilleurs laboratoires de l'étranger.

Nous sommes en droit d'espérer qu'avec de si puissants moyens d'action, le service de Chimie générale se maintiendra à la hauteur de la grande mission qui lui est confiée et fera honneur à l'Université de Lyon et à la science française.

DISCOURS DE M. CAZENEUVE

MESSIEURS,

Je me lève à mon tour pour prendre la parole au nom de l'enseignement chimique de la Faculté de Médecine.

Que l'on se rassure, je ne veux point faire un discours d'apparat.

Mais, puisque le nouvel Institut abrite des chaires de chimie appliquée à la médecine et à la pharmacie, je veux en quelques mots, au nom de mon distingué collègue M. Hugounenq, et en mon nom personnel, indiquer le profit, pour l'avenir de la médecine, des larges ressources mises, dès aujourd'hui, à la disposition de la chimie médicale.

Les personnes les plus étrangères à la science n'ignorent certes pas que la chimie a révolutionné les vieilles industries et qu'elle en a fait naître de nouvelles. Elles savent aussi que l'agriculture semble arrachée à une décadence fatale et progressive, grâce aux moyens chimiques qui restituent au sol épuisé des éléments minéraux précieux et indispensables à la vie du végétal.

Le vulgaire même est pénétré aujourd'hui de toutes ces vérités incontestées, très impressionné peut-être par les progrès inquiétants de l'étranger qui lui ont donné l'éveil.

Faut-il donc s'étonner que l'opinion publique ait pleinement ratifié l'idée de donner à la chimie industrielle et agricole de puissants moyens d'instruction et d'investigation, et d'installer largement dans ces bâtiments la chaire de chimie appliquée à l'industrie et à l'agriculture?

Je me demande, Messieurs, si la même conviction s'est faite dans tous les esprits de la nécessité de doter en même temps les deux chaires de chimie médicale de notre Faculté de Médecine de ressources matérielles incomparables, de les doter aussi richement que celles de la Faculté des Sciences.

Des sceptiques, mal renseignés, peuvent douter du rôle considérable des découvertes chimiques dans le progrès des sciences médicales, et se sentent peut-être portés à critiquer les libéralités dont nous avons été l'objet.

Certains médecins de la vieille école et même, chose curieuse, certains jeunes médecins continuent à entretenir ces préventions contre un enseignement qualifié d'accessoire par les vieux règlements universitaires.

Partisans de l'observation de clinique pure, de celle soustraite à toute ingérence expérimentale et à tout contrôle de laboratoire, ils protestent encore contre l'évidence, contre les justes prétentions de la chimie d'éclairer de nombreux problèmes de la physiologie humaine et d'ouvrir à la pathologie des horizons nouveaux.

Et cependant les services rendus par les sciences physico-chimiques à la biologie sont si éclatants qu'il

me paraît bien superflu de plaider plus longuement
une cause gagnée pour les médecins instruits et doués
de l'esprit scientifique.

On proclame partout, à juste raison. que les deux
grandes découvertes chirurgicales du siècle sont l'utili-
sation des anesthésiques d'une part et celle des antiseptiques de l'autre. La suppression de la douleur dans
les opérations chirurgicales et la disparition de la
pourriture d'hôpital et des septicémies variées qui
désolaient les services de chirurgie et d'accouchement,
sont autant de conquêtes d'une portée et d'un intérêt
inappréciables.

Ne sont-ce pas nos laboratoires qui ont fourni précisément ces substances merveilleuses qui calment ou
éteignent la souffrance, celles qui donnent le sommeil,
et enfin celles antiseptiques qui aident l'organisme
vivant à lutter contre des parasites destructeurs ?

L'éther, le chloroforme, l'hydrate de chloral, l'anti-
pyrine, l'iodoforme, le salol et tant d'autres substances
dont l'énumération serait fastidieuse, ne sont-ils pas
les témoins de cette collaboration incessante de la
chimie aux progrès de la thérapeutique ?

Et, pour citer une découverte récente, la thyroïdine
de Baumann, ce corps iodé, retiré de la glande thyroïde,
qui a une action physiologique si puissante et si remarquable, n'est-elle pas un exemple des surprises que
réserve, d'autre part, l'étude analytique de l'organisme
vivant ?

N'est-ce pas la chimie également qui nous dit la
cause immédiate de la mort dans les maladies infec-

tieuses où le rôle des toxines est absolument démontré ?

Mieux renseignée sur la nature de ces toxines, n'est-
ce pas elle qui préparera le remède ?

La sérothérapie, encore absolument empirique, ne
réclame-t-elle pas de l'étude chimique des sérums de
préciser la nature de la substance curative, condition
essentielle de ses progrès et de la fidélité de ses
résultats ?

La bactériologie, cette science nouvelle qui a aiguil-
lonné plus que toute autre la curiosité publique, avec
le grand nom de Pasteur comme parrain, me semble
arrivée au terme de ses investigations, — au point
de vue morphologique, j'entends, — utilisant les plus
forts grossissements microscopiques et des moyens de
coloration ingénieux, dont les matières colorantes
artificielles, entre parenthèses, font les frais.

Il faut aujourd'hui, cela n'est pas douteux, que la
science des Dumas, des Wurtz, des Berthelot, vienne à
la rescousse et établisse des distinctions entre les infiniment petits, basées sur les équations chimiques qui
traduisent leur activité vitale. Autrement dit le micros-
cope, qui ne juge que la forme, est devenu impuissant
à distinguer les microbes entre eux, à reconnaître dans
une recherche si on est en présence d'un microbe nouveau ou d'un être déjà connu : il est nécessaire de
recourir à l'étude des transformations chimiques que
les microbes déterminent dans les divers milieux pour
les classer, pour affirmer leur individualité propre et
leur spécificité.

C'est Pasteur, d'ailleurs, qui a ouvert la voie dans ces sortes de recherches. Il suffit de poursuivre le sillon tracé par lui. Pasteur, élève de Dumas et de Balard, était avant tout un chimiste. Ses investigations dans le domaine pathologique ne doivent pas faire perdre de vue ses premiers travaux.

Je me résume : la chimie collaboratrice incessante de la médecine, telle est la vérité qu'il faut faire pénétrer dans l'esprit de tous. Je veux en convaincre le grand public, je veux en convaincre nos élèves et les médecins attardés, les réfractaires.

Glénard, notre distingué prédécesseur, dont la chaire de chimie médicale a été divisée, il y a vingt ans, en raison de son importance, a proclamé, pendant quarante ans d'enseignement, l'utilité pour nos futurs médecins de se pénétrer des vérités chimiques.

Ses successeurs, M. Hugounenq et moi, nous nous efforcerons de continuer ce même apostolat, mais cette fois mieux armés pour faire la conviction. Car les conquêtes déjà réalisées sont là palpables, servant d'arguments et d'encouragement pour voir au delà et ne point douter de l'avenir.

Messieurs,

Il n'en est pas qui ait professé plus ardemment cette confiance dans l'utilité des sciences physico-chimiques pour les progrès de la médecine que l'illustre Claude Bernard, fondateur de la « Société de biologie », dont cette dernière, il y a quinze jours, à l'occasion de son cinquantenaire, rappelait éloquemment la vie scientifique mémorable.

Les beaux travaux de Claude Bernard sur la glycogénèse et sur la glycémie n'en sont-ils pas la preuve éclatante ?

Je mets, en terminant, l'enseignement chimique de notre Faculté de Médecine sous le patronage de cette grande illustration aussi lyonnaise que française, partageant la foi de ce grand homme dans l'avenir de la chimie biologique, confiant dans l'excellence de sa méthode scientifique et dans la certitude des résultats à atteindre.

Le professeur Bouchard, prenant la parole comme président de la Société de biologie, dans cette fête de cinquantenaire et invoquant le bel exemple de Claude Bernard, qu'il appelle le grand, le glorieux, le plus grand, le plus glorieux, s'écriait sous forme de péroraison :

« Mes chers collègues en biologie, travaillons donc et marchons par le travail vers la vérité, à travers l'erreur, pour le bien de l'humanité et pour l'honneur de la patrie. »

Ce *Sursum corda*, Messieurs, ne restera pas sans écho.

« Oui, mes chers collègues en chimie, dirai-je à mon tour, travaillons pour le bien de l'humanité et pour l'honneur de la patrie. »

DISCOURS DE M. LÉO VIGNON

MESSIEURS,

La chaire de chimie appliquée à l'industrie et à l'agriculture de la Faculté des Sciences de Lyon a été créée en 1876. Elle fut confiée à M. le professeur Raulin, prédécesseur immédiat du titulaire actuel.

Quelques années s'écoulèrent à organiser ce service nouveau pour la Faculté.

Successivement, furent fondées, une Station agronomique en 1880, l'École de Chimie industrielle en 1883. Ces deux établissements, conformes par leur nature au titre de la chaire, vinrent à la fois assurer son fonctionnement, étendre son action, et lui permettre de rendre les services que les pouvoirs publics étaient en droit de lui demander.

C'est donc une constitution complexe et spéciale que celle de la chaire de chimie appliquée puisqu'elle comprend trois organismes distincts : la chaire de l'Université qui domine les deux autres, l'École de Chimie industrielle et la Station agronomique qui se rattachent à la chaire et sont placées sous sa dépendance. Peut-être ne sera-t-il pas inutile de préciser en quelques mots l'origine, les développements et l'organisation actuelle de ces trois éléments qui concourent au même but.

La chaire proprement dite représente l'enseignement d'État ; l'État seul contribue à son fonctionnement. Elle fut privée d'élèves réguliers à son début. C'est seulement à partir de l'année 1896 que la création d'un certificat d'études supérieures de chimie industrielle lui assura une clientèle d'étudiants recherchant le diplôme de licencié ès sciences. L'institution peut-être prochaine d'un certificat d'études supérieures de chimie et de géologie agricoles viendra accroître encore l'effectif déjà nombreux de ses étudiants d'État.

Mais les chaires des Universités ne doivent pas seulement distribuer l'enseignement. Elles ont aussi le devoir, dans la mesure des forces de leur personnel de professeurs et d'étudiants, de faire progresser la science par des travaux de recherches. La liste des publications scientifiques résumant les travaux originaux accomplis dans les laboratoires de chimie appliquée serait longue : professeurs, maîtres de conférences, chefs de travaux, préparateurs, étudiants, ont apporté tour à tour leur pierre à l'édifice ; tous ont contribué à développer nos connaissances dans ce domaine si vaste et toujours grandissant de la chimie.

Des deux établissements qui se rattachent à la chaire, la Station agronomique est le plus ancien. Fondée en 1880 par le Ministère de l'agriculture, subventionnée par le département du Rhône, cette Station a trouvé dans les locaux de la chaire de chimie appliquée les laboratoires nécessaires à son fonctionnement. Ses moyens d'action furent complétés en 1884 par un champ d'expériences de trois hectares et demi, sis à

Pierre-Bénite, dont la Faculté des Sciences a fait l'acquisition.

L'organisation actuelle de la Station agronomique lui permet de remplir les conditions imposées à ces établissements. Les Stations agronomiques ne sont pas destinées à l'enseignement : elles doivent effectuer des recherches scientifiques sur toutes les questions qui intéressent l'agriculture, éclairer les cultivateurs sur la composition de leurs terres, et les protéger contre les fraudes en matière d'engrais et de semences.

Pour remplir ce programme, la Station agronomique dispose de laboratoires de recherches et d'un champ d'expériences. Elle comprend des laboratoires spéciaux pour l'analyse des terres, des matières fertilisantes, et l'essai des semences. Déjà elle a établi, avec le concours du Conseil général du Rhône et du professeur départemental d'agriculture, les cartes agronomiques de cinquante-cinq communes du département. Une publicité spéciale lui a permis de prendre contact avec les agriculteurs du Rhône et des départements voisins. Ceux-ci demandent à la Station des analyses de terres, de matières fertilisantes et de semences, dont le nombre croît lentement chaque année.

La fondation de l'École de chimie industrielle remonte à 1883. C'est avec l'aide de la Chambre de commerce de Lyon, bientôt complétée par l'intervention de la ville de Lyon et du département du Rhône, que le professeur Raulin organisa cette École qui a pris par la suite un si magnifique développement.

Quelques essais antérieurs avaient démontré, du

reste, l'utilité de cette création. Déjà, Bineau, puis Loir, professeurs à la Faculté des Sciences, avaient enseigné la chimie industrielle, mais en dehors de la Faculté, soit à la Martinière, soit dans des cours du soir organisés par la municipalité et qui réunirent parfois plusieurs centaines d'auditeurs.

M. le professeur Loir, dont l'influence sur le développement de la chimie à Lyon fut si considérable, avait inauguré dans ses laboratoires de la Faculté un enseignement de la chimie qui fut pour ainsi dire le germe de l'organisation actuelle. Groupant autour de lui un certain nombre d'étudiants de la Faculté des Sciences, il leur permit d'acquérir cette instruction chimique solide que seule la fréquentation assidue et prolongée du laboratoire est capable de donner. Mais cet enseignement ne pouvait s'adresser qu'à de rares privilégiés. M. Loir ne disposait en effet que de laboratoires exigus, très imparfaitement outillés.

Aussi, la création de l'École de chimie industrielle marque-t-elle une date importante dans l'histoire scientifique de Lyon. Elle honore grandement la mémoire de Raulin qui l'a fondée avec le concours de la Chambre de commerce. De nombreuses difficultés matérielles durent être surmontées au début; Raulin eut à combattre aussi beaucoup de préjugés. Quelques esprits, trop attachés à de fausses traditions, ne craignirent pas de soutenir que les Facultés des Sciences devaient cultiver seulement la science théorique, sans s'occuper de ses applications. Des Universités étrangères cependant donnaient depuis plusieurs années l'exemple d'une intime collaboration de la science et de l'industrie ; cette collaboration s'était montrée féconde aussi bien pour la science pure, qu'elle stimulait sans cesse, que pour l'industrie qui s'élevait et grandissait à son contact en enrichissant la Suisse et l'Allemagne.

Les débuts de l'École de Chimie industrielle furent modestes ; mais les efforts persévérants de Raulin ne tardèrent pas à porter leurs fruits. Le recrutement des élèves s'améliora peu à peu ; des méthodes nouvelles d'enseignement, une pédagogie spéciale appliquée au travail du laboratoire furent instituées.

En même temps, les élèves sortant de l'École de Chimie se firent apprécier par les services qu'ils rendirent à l'industrie. Au bout de quelques années, personne ne contesta plus l'utilité de l'École de Chimie, pas plus que la légitimité de son installation à la Faculté des Sciences. De nos jours, elle est considérée comme une des créations utiles de l'enseignement supérieur.

Mais, si l'organisme qui devait doter notre industrie de chimistes expérimentés était fondé, il s'en fallait de beaucoup que ses laboratoires, son outillage technique, l'effectif de ses élèves fussent à la hauteur des besoins légitimes de l'industrie.

Il était urgent que l'Université de Lyon créât l'Institut de Chimie que nous inaugurons aujourd'hui, pour que l'École de Chimie industrielle trouvât enfin des laboratoires appropriés aux nécessités de son enseignement.

Ces besoins, au surplus, augmentent chaque jour ;

la place occupée par une science, dans la vie d'une nation civilisée, doit être en rapport avec le développement de cette science. Successivement, les différentes industries, plusieurs services publics, ont reconnu la nécessité de demander à la chimie des collaborateurs.

C'est ainsi que récemment l'industrie de la tannerie a créé, comme annexe de l'École de Chimie, une École de tannerie. La genèse et l'organisation de cette École ont une haute portée économique : nous l'expliquerons en quelques mots.

Plusieurs pays étrangers possèdent des Écoles spéciales de tannerie, qui ont contribué dans une large mesure au développement de cette industrie.

Au cours de la construction de l'Institut de Chimie, l'idée vint à plusieurs personnes de fonder comme section de l'École de Chimie industrielle une école de tannerie. Celle-ci trouverait à l'École de Chimie des laboratoires, des cours généraux ; les cours spéciaux de chimie appliquée à la tannerie seraient créés par les industriels eux-mêmes, c'est-à-dire par les tanneurs. Ce programme a pu être exécuté ; grâce à l'entente réalisée entre le Syndicat général de l'Industrie des cuirs et peaux et l'Université de Lyon, des cours spéciaux ont été créés par le Syndicat, et l'École française de tannerie s'est ouverte au mois de novembre 1899. Elle sera bientôt en mesure de fournir à l'industrie de la tannerie des chimistes exercés, capables de gérer le mieux possible et de perfectionner techniquement cette importante industrie.

La solution appliquée à l'École de tannerie nous paraît devoir convenir à d'autres industries. Dès à présent, nous devons prévoir que l'École de Chimie industrielle donnera naissance à des sections nouvelles d'électro-chimie, de teinture, de chimie métallurgique. Ces sections sont indispensables à Lyon, capitale de la soie, centre actif d'industries de toute nature, à proximité d'une importante région métallurgique, non loin des Alpes dont les chutes d'eau constituent des sources d'énergie inépuisables, puisqu'elles sont sans cesse renouvelées.

L'organisation de ces sections spéciales trouvera dans l'École de Chimie industrielle une base solide d'organisation et d'enseignement.

Pour se constituer, elles devront faire appel aux industries spéciales appelées à bénéficier de leur fonctionnement; mais cet appel sera entendu. Déjà le Syndicat général de la tannerie, par une initiative qui l'honore, a donné un exemple qui sera suivi. La Chambre de commerce, la Ville de Lyon, d'éminents industriels lyonnais sont prêts à seconder notre Université, en aidant de leurs conseils et de leurs subsides l'École de Chimie industrielle.

La Station agronomique se développera à son tour ; la chimie domine actuellement toute l'agriculture. Progressivement les agriculteurs apprendront à utiliser et à appliquer les renseignements donnés par la Station. Ils amélioreront leurs rendements culturaux, en employant judicieusement les matières fertilisantes et les semences suivant la composition de leur sol.

L'Université de Lyon, par la chaire de chimie appliquée, réalisera ainsi de plus en plus l'union de la science, de l'agriculture et de l'industrie, union féconde, mais aussi union indispensable, pour le progrès économique de la région lyonnaise, le maintien et le développement de la prospérité nationale.

M. le Ministre de l'Instruction publique prend alors la parole.

Dans une brillante improvisation, M. le Ministre exprime d'abord la joie profonde, le véritable bonheur qu'il ressent en se trouvant une fois de plus dans la ville de Lyon, dans cette grande cité qui sait unir, dans un culte passionné, l'amour des lettres, des arts et de la science, et le zèle pour le développement de son commerce et de son industrie.

Je suis également heureux, dit M. le Ministre, de me retrouver au milieu des maîtres de cette Université de Lyon, que j'ai déjà vue à l'œuvre et qui est si dévouée à ses fonctions, et aussi de voir en face de moi cette belle jeunesse passionnée pour tout ce qui est grand, noble, généreux, élevé.

J'ai constaté avec le plus grand plaisir le succès déjà obtenu par l'Institut de Chimie, par cet Institut auquel, comme on vous le rappelait tout à l'heure, mon nom a été associé dès 1894. Votre nouvel établissement est l'un des plus beaux de France; il sera demain l'un des plus prospères.

Pour l'édifier, il a fallu le concours de la Municipalité, de la Chambre de commerce, des Pouvoirs publics et de l'Université. Tous ont appuyé l'œuvre avec un dévouement dont je ne saurais trop les féliciter. Grâce à leur généreuse émulation, vous avez construit un monument digne de votre grande ville. Vous avez bien réalisé cette conception idéale de réunir tous les services accessoires d'une même science. Par l'effet de cette réunion, votre Institut répond aux besoins les plus variés, aux aspirations élevées de la science pure comme aux espérances utilitaires de la science pratique.

L'Université Lyonnaise a bien compris son rôle. Comme le disait tout à l'heure M. le Recteur, elle ne s'est pas enfermée dans sa tour d'ivoire. Elle a donné à l'État et à la démocratie tout ce qu'ils attendaient d'elle. Il faut qu'elle continue à s'incorporer à la cité, qu'elle vive de sa vie, qu'elle s'unisse de plus en plus intimement avec elle. La jeune plante,

étendant successivement ses rameaux dans toutes
les directions, montera toujours plus haut et donnera
à profusion des fleurs et des fruits de science.

Nous vivons, Messieurs, dans des temps que
quelques-uns appellent difficiles; je dis, moi, dans
une période d'évolution. Autour de nous tout
change, tout se transforme. L'Université de Lyon
n'est pas restée et elle ne restera pas immobile,
parce qu'elle sait tout ce que le pays attend
d'elle.

Il est une loi qui s'affirme de jour en jour avec
plus d'éclat, une loi sociale qu'on ne peut pas
négliger. C'est la loi de la concurrence économique,
qui tend à substituer aux conflits armés les conflits
d'intérêts. S'il faut défendre les frontières, l'armée,
toujours vaillante, sera à la hauteur de son devoir;
elle saura combattre et vaincre. Mais il y a d'autres
champs de bataille; ce sont ceux du commerce, et
l'Université ne doit pas les perdre de vue.

Vous avez, Messieurs, ouvert la voie; d'autres
vous suivront. Votre Université a fait nettement
entendre qu'elle est décidée à ne pas rester indiffé-
rente en présence de ce grand mouvement, devant

celle guerre d'intérêts. Je l'en félicite hautement et je la donne en exemple.

La science intimement, unie à l'industrie et au commerce est en ce moment maîtresse du jour et de l'heure. C'est elle qui formera de nouveaux corps pour l'armée économique de demain ; c'est elle qui rendra notre patrie plus grande, plus forte et plus prospère.

Avant de lever la séance, M, le Ministre de l'Instruction publique tient à proclamer lui-même les distinctions accordées par le Gouvernement et par le Ministère aux fonctionnaires de l'Enseignement public à Lyon.

Seront bientôt nommés Chevaliers de la Légion d'honneur (décret du 12 janvier 1900) :

M. Dubois (Raphaël-Horace), professeur à la Faculté des Sciences de l'Université de Lyon ; 20 ans de services ;

M. Bianconi (Pierre-Louis), inspecteur d'Académie en résidence à Lyon ; 34 ans de services ;

M. Bachod (Florestan), professeur au Lycée Ampère de Lyon ; 40 ans de services.

Sont nommés Officiers de l'Instruction publique (arrêté du 6 janvier 1900) :

M. Roux (Gabriel), agrégé près la Faculté mixte de Médecine et de Pharmacie de l'Université de Lyon ;

M. Loret (Victor), chargé de cours à la Faculté des Lettres de l'Université de Lyon ;

M. Rigollot (Pierre-Claude-Henri), chargé d'un cours complémentaire à la Faculté des Sciences de l'Université de Lyon ;

M. Guerpillon (Alexis-Ferdinand), professeur au Lycée Ampère de Lyon ;

Mme Vacheron, née Marie-Claudine Richard, directrice d'École primaire supérieure à Lyon.

Sont nommés Officiers d'Académie (arrêté du 6 janvier 1900) :

M. Appleton (Jean-Charles-François), professeur à la Faculté de Droit de l'Université de Lyon ;

MM. Bordier (Léonard), Boyer (Jean), et Moreau (Barthélemy), agrégés près la Faculté mixte de Médecine et de Pharmacie de l'Université de Lyon ;

M. Couturier (Louis-François-Émile-Henri), maître de conférences ; M. Roman (Albert-Frédéric), préparateur-adjoint, et M. Seyewetz (Alphonse), délégué dans les fonctions de chef de travaux, à la Faculté des Sciences de l'Université de Lyon.

M. le Ministre lève la séance à trois heures et demie.

RAPPORT

SUR LA SITUATION DES ÉTABLISSEMENTS

D'ENSEIGNEMENT SUPÉRIEUR

DE L'UNIVERSITÉ DE LYON

pendant l'année scolaire 1898-1899

présenté par M. Ch. ANDRÉ

DIRECTEUR DE L'OBSERVATOIRE DE LYON, MEMBRE DU CONSEIL

MESSIEURS,

J'ai l'honneur de vous soumettre le rapport que le Conseil de l'Université m'a chargé de faire en vue de vous éclairer sur sa situation matérielle et morale.

Les rapports qui vous ont été soumis précédemment par MM. REGNAUD et HUGOUNENQ contenaient toutes les données désirables sur ce que j'appellerais le premier établissement de l'Université. Il m'a donc paru que je devais me borner à vous mettre au courant des changements survenus.

I. — PERSONNEL

Pendant cette année scolaire, la mort n'a point épargné l'Université, qui a perdu trois de ses professeurs honoraires, MM. BOUCHACOURT, LOIR et BOUILLIER.

Le premier est une des gloires de l'ancienne École de Médecine de Lyon, où il a professé pendant trente-quatre ans (1843-1877), et l'un des fondateurs de la Faculté de Médecine, dans laquelle il inaugura la chaire d'Obstétrique et de Gynécologie.

M. Loir, ancien élève de l'École normale supérieure, débuta dans l'enseignement supérieur comme professeur adjoint, puis professeur titulaire à l'École supérieure de Pharmacie de Strasbourg; nommé en 1855 professeur de Chimie à la Faculté de Besançon, il vint six ans plus tard prendre possession de la chaire de Chimie à la Faculté de Lyon et, en même temps, continuer à la Martinière les traditions du savant Bineau. Dans chacun de ces enseignements son succès fut considérable. Sa sollicitude pour ses élèves égalait d'ailleurs son talent pédagogique; c'est ainsi que, tout aussi bien pour stimuler leur zèle que pour resserrer leurs liens de bonne camaraderie, il avait organisé des conférences dites *Conférences Ampère*, où chacun d'eux venait à tour de rôle exposer et expliquer les découvertes les plus récentes de la Chimie. Nommé Doyen en 1879 à la mort de Faivre, il quitta la Faculté en 1884 pour se retirer à Paris près de son beau-frère, l'illustre Pasteur. Les distinctions et les honneurs vinrent l'y chercher : en 1885, il était promu officier de la Légion d'honneur et, bientôt après, l'Académie de Médecine, à laquelle il appartenait comme correspondant, lui conférait le titre d'associé national.

M. Bouillier eut l'honneur d'inaugurer à Lyon l'enseignement de la philosophie, lorsque la réorganisation de 1838 donna pour la première fois à nos Facultés le caractère d'établissements d'enseignement supérieur ; il n'avait alors que vingt-cinq ans ; néanmoins son enseignement fit une impression profonde et marqua dans l'esprit de ses premiers auditeurs une trace dont ils conservèrent bien longtemps l'empreinte. Dix ans après, BOUILLIER était nommé Doyen, et, si en 1861 il ne put empêcher la mesure illégale qui enleva sa chaire à V. DE LAPRADE, il protesta publiquement contre elle. Cet acte courageux qui l'honore semble l'avoir grandi aux yeux du pouvoir d'alors, qui cependant n'était pas tendre ; car, trois ans plus tard, il était délégué au rectorat de Clermont et bientôt nommé inspecteur général. A la mort de NISARD, il lui succéda dans la direction de l'École normale supérieure. BOUILLIER entra à l'Institut en 1875. Malgré son éloignement, il était resté profondément attaché à notre Faculté des Lettres et, pendant ses séjours à Lyon, il venait souvent travailler comme autrefois dans sa bibliothèque et y recueillir les documents nécessaires aux beaux mémoires qu'il publiait encore malgré son âge avancé.

Mais, outre ces maîtres anciens qui avaient pendant une longue carrière illustré notre Université, nous avons perdu à la fleur de l'âge l'un de nos élèves les plus éminents, à la veille de devenir maître à son tour. ROUSSET était depuis 1894 chef des travaux de la chaire de Chimie générale, et en 1896 il avait soutenu devant la Faculté des Sciences une thèse qui devait être pour lui la source féconde de mémoires ultérieurs. Mais la mort nous l'enlevait trois ans après.

Après avoir rappelé le souvenir de ces glorieux disparus qui en leur temps ont, comme nous et plus que nous peut-être, rempli leur devoir, je dois maintenant vous parler de ceux qui nous ont quittés pour répandre sur un terrain plus étendu la bonne semence de leurs leçons et de leur expérience.

Tel est le cas de notre éminent collègue M. AUDIBERT, nommé, par décret du 29 juillet dernier, titulaire de la chaire de Droit romain de l'Université de Paris. M. AUDIBERT, entré par son mariage dans une famille des plus vénérées de Lyon, paraissait par cela même devoir y poursuivre jusqu'au bout sa carrière. Ses travaux et sa notoriété juridique en ont décidé autrement : qu'il reçoive, avec nos regrets, nos félicitations bien sincères. Il a été remplacé par M. l'agrégé HUVELIN, à titre de chargé de cours (1).

Un autre élève de notre Faculté de Droit, M. JEAN APPLETON, a été nommé titulaire de la chaire de Droit administratif, en remplacement du regretté M. ÉNOU, venant prendre place dans la Faculté à côté de son père qui y professe depuis sa fondation (2).

(1) M. HUVELIN (Paul-Louis), né à Mirebeau-sur-Bèze (Côte-d'Or), le 11 avril 1873, docteur de la Faculté de Droit de Paris; chargé de cours à la Faculté d'Aix (26 juillet 1898); agrégé des Facultés de Droit pour la section d'Histoire (26 novembre 1899); attaché à la Faculté de Lyon et chargé du cours de Droit romain (26 novembre 1899).

(2) M. APPLETON (Jean-Charles-François), né à Charolles (Saône-et-Loire), le 31 octobre 1868, docteur en droit de la Faculté de Lyon (21 novembre 1892); successivement chargé de cours dans les Facultés de Droit de Dijon (13 mai 1893), de Lille (8 novembre 1893) et de Grenoble (31 juillet 1894), agrégé des Facultés de Droit (1er juin 1895); attaché à la Faculté de Lyon (1er août 1895); professeur de Droit administratif en remplacement de M. Énou (8 mai 1899).

D'autre part, par arrêté en date du 11 novembre 1899, M. Brouilhet, agrégé des Facultés de Droit (section des sciences économiques) et ancien élève de notre Faculté, a été chargé des cours d'Histoire des doctrines économiques et d'Économie politique, en remplacement de M. Souchon, en mission à la Faculté de Droit de Paris (1).

Paris nous a enlevé aussi l'un des professeurs les plus distingués de la Faculté des Lettres, M. Schirmer, qui y enseignait avec tant de zèle les Sciences géographiques. Mais M. Schirmer reste pour ainsi dire néanmoins l'un des nôtres ; il a laissé, en effet, à Lyon une trace ineffaçable de son fructueux séjour : l'Institut géographique, qu'il a créé de toutes pièces après avoir fait fructifier avec autant d'habileté que de zèle les semences fécondes déposées comme en réserve par ses prédécesseurs, MM. Berlioux et Gallois, rappellera longtemps encore à nos étudiants le nom de M. Schirmer, ainsi que la clarté et la hardiesse si intelligente de son enseignement.

Nous souhaitons la bienvenue à son successeur M. Lespagnol (2), dont les travaux ont déjà une notoriété incontestée.

(1) M. Brouilhet (Arthur-Ernest-Charles), né au Vigan (Gard), le 17 août 1870, docteur en droit de la Faculté de Lyon (12 janvier 1895) ; chargé de cours à la Faculté de Montpellier (1er août 1895) ; agrégé des Facultés de Droit pour les sciences économiques (11 novembre 1899); attaché à la Faculté de Lyon et chargé à titre provisoire des cours d'Histoire des doctrines économiques et d'Économie politique (doctorat) (11 novembre 1899).

(2) M. Lespagnol (Georges), né à Guillon (Yonne), le 4 décembre 1864; étudiant à la Sorbonne (1895-1897); professeur d'Histoire aux lycées de Pontivy (1897-1898) et de Beauvais (1898-1899); chargé du cours de Géographie à la Faculté des Lettres de l'Université de Lyon (1899).

D'autre part, M. Houllevigue, maître de conférences à la Faculté des Sciences, a quitté ce poste de début et a été nommé chargé du cours de physique à l'Université de Caen. Vous avez tous présents à l'esprit les éminents services que M. Houllevigue a rendus à notre Université et le succès du cours d'électricité appliquée à l'industrie que l'Administration municipale l'avait autorisé à fonder au Palais Saint-Pierre.

Son programme comportant trois années d'enseignement, le départ de M. Houllevigue laisse à son successeur M. Weiss (1) le soin de la partie relative à la troisième année. Nous avons la conviction qu'il remplira cette tâche avec le même bonheur et le même talent.

Mais ces départs ont une contre-partie : l'Université a été heureuse de saluer le retour à la Faculté des Lettres de notre collègue M. Loret. Pendant son absence de deux années, il avait eu en Égypte la haute direction du service des antiquités. Dans cette fonction, qui est une création essentiellement française, M. Loret a su non seulement maintenir, mais encore accroître le renom qu'y avaient laissé ses prédécesseurs, et la riche moisson de découvertes qu'il en rapporte sera pour nos étudiants une mine où ils pourront

(1) M. Weiss, né à Mulhouse (Haut-Rhin), le 25 mars 1863 ; entré à l'École normale supérieure en 1888 ; agrégé préparateur à cette École du 9 octobre 1894 au 1er novembre 1895 ; maître de conférences à la Faculté des Sciences de Rennes du 1er novembre 1895 au 1er octobre 1899 ; à partir du 1er octobre 1899, maître de conférences à l'Université de Lyon ; docteur du 20 juin 1896 (thèse sur *l'aimantation de la magnétite cristallisée*) ; a publié une série de notes dans les *Comptes rendus de l'Académie des Sciences*, dont la plus importante (en avril 1899) a pour titre : *Sur l'emploi des franges de diffraction dans la lecture des déviations galvanométriques.*

pendant longtemps puiser. Ce retour met fin à la délégation de M. MORET, qu'après avoir appris à le connaître la Faculté des Lettres regrette vivement de ne pouvoir retenir auprès d'elle.

II. — CONSEIL DE L'UNIVERSITÉ.

Le Conseil de l'Université a été composé comme il suit :

> M. LE RECTEUR, président ;
> M. REGNAUD, vice-président ;
> M. AUDIBERT, secrétaire ;
> MM. CAILLEMER, LORTET, DEPÉRET et CLÉDAT, doyens ;
> MM. FLURER et AUDIBERT (Faculté de Droit) ;
> MM. LACASSAGNE et HUGOUNENQ (Faculté de Médecine) ;
> MM. BARBIER et ANDRÉ (Faculté des Sciences);
> MM. REGNAUD et HANNEQUIN (Faculté des Lettres).

Comme dans les années précédentes, l'action du Conseil sur la marche de l'Université a été pour ainsi dire continue et son histoire se confond avec celle de l'Université elle-même, histoire que je vais rapidement analyser.

III. — BUDGET

Comme vous le savez, les recettes de l'Université se composent de deux parties, l'une formée par une subvention de l'État, qui reste à peu près la même chaque année ; l'autre alimentée par les droits divers (immatriculation, inscriptions, droits de bibliothèque et de travaux pratiques) versés par les étudiants, et aussi par les subventions des particuliers. Mais ces dernières, ayant en général une affectation précise, doivent être mises à part ; de sorte que les fluctuations de notre vie financière se traduisent surtout dans les premières. Voici leur état comparé, en 1898 et en 1899 :

	1898	1899		DIFFÉRENCE
Droit d'immatriculation. .	6.580	9.020	en plus. .	2.440
— d'inscription .	128.520	123.840	en moins.	4.680
— de bibliothèque	14.715	15.527 50	en plus. .	812 50
Droit de travaux pratiques { Médecine	56.035	53.095	en moins.	2.950
Droit de travaux pratiques { Sciences	19.497 50	20.845	en plus. .	1.347 50
Droit d'examen. .	» »	120	—	120
Diplômes universitaires				
Totaux. . .	225.347 50	222.447 50	en moins.	2.900

Nos ressources propres sont donc diminuées de 2.900 francs du premier exercice au second. Pour les suivre dans le détail, nous ferons par exercice le compte séparé de chacune des Facultés ; nous aurons ainsi le tableau suivant, qu'il faudra combiner avec le premier pour tenir compte des travaux pratiques.

DROITS D'IMMATRICULATION

	1898	1899		DIFFÉRENCE
Faculté de Droit	1.380	1.780	en plus . .	400
— de Médecine. .	2.660	2.480	en moins .	180
— des Sciences .	880	2.240	en plus . .	1.360
— des Lettres. .	1.660	2.520	—	860

DROITS D'INSCRIPTION

	1898	1899	DIFFÉRENCE	
Faculté de Droit. . .	21.870.	21.540	en moins. .	330 .
— de Médecine .	85.500	82.230	— .	3.270 ·
— des Sciences .	19.410	18.450	--	960
— des Lettres. . .	1.740	1.620	—	120

Les différences dans le montant des inscriptions n'ont pas grande signification au point de vue du recrutement de nos étudiants; elles indiquent plutôt les succès plus ou moins nombreux dans les examens antérieurs. Celles qui sont relatives aux immatriculations et aux travaux pratiques sont au contraire fort à considérer. Elles montrent que, si, dans la Faculté de Médecine, le recrutement est devenu stationnaire et paraît avoir atteint sa limite maximum, le nombre des étudiants de la Faculté des Sciences est en forte croissance et qu'en outre une grande partie d'entre les nouveaux se destinent aux sciences physiques. Les nouveaux certificats créés en vue de sanctionner les études directement appliquées à l'industrie remplissent donc le but que se proposait l'Université, à savoir de lui préparer de futurs ingénieurs, à la fois théoriciens et praticiens, et par suite tout aussi capables de surveiller utilement le travail actuel que de l'améliorer et le transformer par des découvertes nouvelles.

IV. — DONS ET LEGS

1º Par un décret en date du 16 décembre 1899, l'Université est autorisée à accepter le legs fait à la

Faculté de Médecine par M. Léon Riboud, avocat à Lyon, par un testament olographe en date du 14 janvier 1897, M. Riboud lègue à la Faculté de Médecine de Lyon « la somme de 50.000 francs dont le revenu doit être employé à la fondation d'un prix quinquennal destiné au savant de Lyon ou ayant au moins cinq ans de résidence soit à Lyon, soit dans les départements du Rhône, de la Loire, de Saône-et-Loire, de l'Isère et de l'Ain, qui, par ses travaux, ses découvertes ou son enseignement, aura rendu de réels services à l'hygiène, à la santé publique, aux progrès des sciences médicales, surtout de celles qui ont pour but la protection de l'enfance ».

2° En juillet 1899, M. J. Gillet, tant en son nom personnel qu'en celui de son frère décédé, a fait don à la Société des Amis de l'Université d'une somme de 20.000 francs, « dont le revenu sera affecté, pendant les cinq premières années, à l'achat d'instruments pour l'Institut de Chimie ; pour les années ultérieures, à la création de bourses de voyage pour les élèves de l'École de Chimie industrielle ». L'Université de Lyon adresse à M. Gillet ses bien vifs remerciements, non seulement pour sa libéralité elle-même, mais aussi pour l'exemple qu'il donne.

V. — CHAIRES CRÉÉES PAR L'ÉTAT

La troisième chaire de clinique médicale, réclamée depuis plusieurs années par la Faculté de Médecine, a été créée par décret du 13 décembre dernier. Par un décret en date du même jour, M. BARD, professeur d'hygiène à la Faculté de Médecine, était nommé titulaire de la nouvelle chaire.

VI. — ENSEIGNEMENTS CRÉÉS PAR L'UNIVERSITÉ

L'Université a, de son côté, créé une nouvelle série de cours complémentaires. Ce sont :

1° A la *Faculté de Droit :*

    a) Un cours complémentaire de principes généraux du droit public;

2° A la *Faculté de Médecine :*

    b) Un cours d'anatomie topographique ;
    c)   —   de propédeutique médicale ;
    d)   —   de propédeutique chirurgicale;
    e)   —   de maladies des voies urinaires ;
    f)   —   de physiologie;
    g)   —   d'embryologie :
    h)   —   d'hydrologie et matières alimentaires ;

Ce dernier cours est subventionné par la Société des Amis de l'Université;

3° A la *Faculté des Lettres :*

    i) Un cours de physiologie ;
    j) Une conférence d'histoire de Lyon.

Cette dernière conférence vient d'être transformée en une maîtrise de conférences, grâce au concours du département, de la Ville et de la Société des Amis de l'Université. Cette maîtrise de conférences porte le titre « d'histoire de Lyon et de la région lyonnaise ».

Le Conseil de l'Université a désigné pour remplir cette nouvelle fonction M. CHARLÉTY (1), qui a inauguré à Lyon cet enseignement si utile d'histoire locale et le poursuit avec grand succès depuis plusieurs années.

VII. — ENSEIGNEMENT CRÉÉ PAR LA CHAMBRE DE COMMERCE

Enfin, la Chambre de commerce vient de décider le rattachement à l'Université du cours d'enseignement de la langue chinoise, enseignement qu'elle organise à ses frais comme addition aux cours coloniaux qu'elle a créés récemment, et qui facilitera singulièrement le bon recrutement d'agents commerciaux, industriels ou agricoles pour nos possessions indo-chinoises.

VIII. — INSTITUTIONS NOUVELLES FONDÉES PAR L'UNIVERSITÉ

Outre ces enseignements plutôt complémentaires, il est certaines institutions, ayant un but plus spécial,

(1) M. CHARLÉTY (Camille), né à Chambéry le 18 juillet 1867 ; agrégé d'histoire et docteur ès lettres ; professeur aux lycées de Montauban (1890-91), Châteauroux (1891-92), Caen (1892-94) et Lyon (1894-99) ; maître de conférences d'histoire de Lyon et de la région lyonnaise à la Faculté des Lettres de l'Université de Lyon (1899).

quoique d'une utilité au moins aussi générale, que l'Université a fondées et dont je dois vous entretenir.

1° *École française de tannerie.* — La fondation de cette École, dont l'initiative revient à M. le professeur VIGNON, marque une étape dans le développement de notre Université. Ce ne sont plus, en effet, les seuls intérêts de la région lyonnaise qui l'ont déterminée, mais bien les intérêts généraux de l'industrie française de la tannerie; sa création (1899) a été décidée, et elle est en grande partie entretenue, par le *Syndicat général de l'Industrie des cuirs et peaux de la France.*

Ses fondateurs ont eu en vue, non pas une école professionnelle, mais bien plutôt un institut d'enseignement supérieur d'une nature spéciale, destiné à préparer pour la tannerie des chefs d'usine bien préparés à conduire et à perfectionner la fabrication des cuirs. L'École se recrute par voie de concours et la durée des études y est de deux ans; outre l'enseignement chimique général, qui leur est commun avec les élèves de l'École de Chimie industrielle et qui leur est donné par les chaires de Chimie générale et de Chimie industrielle, les élèves y suivent pendant leurs deux années de séjour une série de cours appropriés au but qu'ils poursuivent et portant sur la Chimie spéciale et industrielle de la tannerie, sur l'histoire naturelle, sur la technologie des cuirs et peaux et sur les méthodes particulières d'analyse en usage pour l'étude des matières premières et des produits de la fabrication.

Telle qu'elle est organisée, cette École pourra rivaliser bientôt, nous en avons la ferme conviction, avec les établissements déjà anciens et aujourd'hui très prospères de Freiberg (Saxe) et de Leeds (Angleterre). Au point de vue de l'évolution de nos habitudes courantes, l'établissement à Lyon de cette École nationale constitue en outre une œuvre fort intéressante, et qui sera sans doute imitée ailleurs, de bonne décentralisation scientifique.

2° *Institut séro-thérapique et antirabique.* — Le titre que je donne à cette création est peut-être un peu ambitieux, car il ne s'agit ici que d'une petite portion des installations qu'exigerait une organisation complète d'un pareil établissement; mais elle constitue néanmoins un fait très important, en ce qu'elle est une nouvelle preuve de la haute estime que la municipalité professe pour l'Université et de l'empressement que met celle-ci à lui en témoigner sa reconnaissance.

Lyon est actuellement une des rares grandes villes de France qui ne possède point d'Institut antirabique et continue à envoyer ses malades à l'Institut Pasteur de Paris; de là des délais et des fatigues préjudiciables à leur prompte guérison. Les administrations municipale et hospitalière résolurent de combler cette lacune et, à la suite du rapport d'une commission mixte nommée pour étudier cette question (1), un projet général d'Institut fut élaboré. Mais, pour parer au plus

---

(1) Cette commission était composée de MM. GAILLETON, COMPAYRÉ, H. SARRAN, LAGRANGE, ISAAC, LORIET, J. PERRIS, Ed. AYNARD, COSTE-LABAUME, AUDIFFRED, FÉLIX MANGINI et G. ROUX.

pressé, on décida la création, à titre provisoire, d'un *service antirabique,* lequel fut confié par M. le Maire à la Faculté de Médecine, et, afin d'en assurer le fonctionnement immédiat, MM. LORTET et ARLOING songèrent à l'installer provisoirement dans les locaux que le transfert des services de Chimie dans les bâtiments de l'Institut laissait disponibles; ils se mirent immédiatement à l'œuvre, si bien que la partie la plus essentielle du service antirabique lyonnais sera très prochainement en état de fonctionner.

Je vous demande la permission de féliciter bien vivement nos deux collègues de leur initiative intelligente et fructueuse. Ils en recevront d'ailleurs bientôt la récompense : leur œuvre actuelle n'est en effet que tout à fait provisoire, M. le Maire de Lyon étant décidé à proposer au Conseil municipal, qui y consentira certainement, la construction d'un établissement, dans le voisinage de la Faculté de Médecine, ordonné et outillé directement en vue des exigences spéciales d'un pareil service; et, cet établissement terminé, nos deux collègues y trouveront un ensemble de ressources très précieuses, soit pour leurs recherches personnelles, soit pour leur enseignement.

3° *École de notariat.*— Au commencement de l'année scolaire 1898-1899, la Faculté de Droit demandait au Conseil de l'Université l'autorisation d'instituer à Lyon une École de notariat, permettant aux candidats à ces fonctions d'abréger la durée réglementaire de leur stage, tout en acquérant des connaissances juridiques et techniques supérieures à celles que celui-ci leur donnait. C'était d'ailleurs un desideratum que la Faculté de Droit n'avait jamais perdu de vue. A deux reprises, sous les présidences de MM. Perrin et Letord, la Chambre des notaires de l'arrondissement de Lyon lui avait alloué des subventions, qui, jointes à une allocation municipale, lui avait permis d'ouvrir, alors, avec succès, trois cours spécialement professés pour les aspirants au notariat ; mais ces cours n'avaient été qu'intermittents. Cette fois l'œuvre est définitive, et c'est avec les ressources propres de l'Université que la nouvelle École a été ouverte. La durée de la scolarité est de deux ans. On y enseigne : la législation organique du notariat, le droit civil et le droit commercial dans leurs rapports avec le notariat, l'enregistrement et le timbre ; à cet enseignement sont jointes des conférences pratiques, des discussions d'espèces ou de formules d'actes, etc. Dès cette première année, vingt élèves se sont faits inscrire à l'École et en suivent assidûment tous les exercices.

IX. — BIBLIOTHÈQUE

La commission de la Bibliothèque a été composée de MM. Caillemer, Lambert, Florence, Bard, Kœhler, Flamme, Fabia et Waddington.

On sait que son rôle principal est de statuer sur les demandes d'achats de livres faites par les différents services de l'Université ; c'est donc là une fonction des plus importantes. Les crédits mis en 1899 à la disposition de cette commission s'élevèrent au total de 45.527 fr. 50, sur lesquels 35.000 francs ont été consacrés aux achats de livres. Quoique cette somme soit notablement supérieure à celle dont on disposait jusqu'en 1897, elle est encore de beaucoup inférieure à nos besoins réels, et, en outre, bien modeste si on la compare aux ressources dont disposent pour le même objet la plupart des Universités étrangères. C'est qu'aussi le droit perçu sur les étudiants pour l'usage de la bibliothèque est beaucoup moins élevé que dans ces Universités. Il semble qu'il y aurait lieu pour le Conseil de l'Université d'en solliciter le relèvement.

X. — ANNALES DE L'UNIVERSITÉ

La publication des *Annales de l'Université* est dirigée par une commission composée de MM. Depéret, président; Coville, secrétaire; Lambert, Gouy, Lépine, Morat et Hannequin, et dont M. Coville continue à être l'actif agent d'exécution. Les ressources affectées aux *Annales* en 1899 sont les mêmes que par le passé, savoir : son crédit de 6.000 francs pris sur les fonds universitaires et une allocation de 2.000 francs votée par la Société des Amis de l'Université. Mais le Conseil de l'Université a apporté cette année une modification importante à leur mode de publication : désormais les *Annales de l'Université de Lyon* formeront deux séries distinctes, l'une consacrée aux mémoires concernant le Droit et les Lettres, l'autre contenant les travaux relatifs à la Médecine, à la Pharmacie et aux Sciences. Cette division facilitera beaucoup le service des échanges et augmentera certainement le chiffre des ventes.

1° Les premiers travaux que contiendront ces nouvelles séries sont :

DROIT-LETTRES. — 1° *Critique sur l'hypothèse des atomes*, par M. HANNEQUIN, dont le Conseil a autorisé la réimpression;

2° *Sur la représentation des intérêts*, par M. FRANÇOIS;

3° *Sur la question des villes impériales d'Alsace*, par M. BARDOT;

MÉDECINE-SCIENCES. — *Sur quelques fossiles de l'époque éocène*, par M. ROMAN.

XI. — MARCHE DES ENSEIGNEMENTS UNIVERSITAIRES

Il convient de parler ici des enseignements créés par l'Université sur ses ressources ou à l'aide de libéralités extra-universitaires.

Les cours complémentaires d'enseignement proprement dit ont en général été très assidûment suivis, et ont eu une clientèle à peu près aussi nombreuse que les cours magistraux; mais certains d'entre eux méritent une mention spéciale.

A la Faculté de Médecine. — Les conférences de MM. Roque et Gangolphe sur la propédeutique médicale et chirurgicale ont été fort appréciées des élèves de première année ; car, en les initiant aux éléments de la médecine et de la chirurgie, elles les mettent en état de suivre avec beaucoup plus de fruit que par le passé les différentes cliniques hospitalières.

A la Faculté des Sciences. — Les cours de mathématiques préparatoires, de physique industrielle, de physiologie et de géologie, créés l'an dernier par l'Université, ont été très fréquentés et en général suivis assidûment. On a compté, en effet, 29 inscriptions pour les mathématiques, 40 pour la physique industrielle, 13 pour la physiologie et 12 pour la géologie. Mais la création d'un de ces cours a été en outre l'origine d'un mouvement important et qui mérite d'appeler votre attention. Parmi les inscrits du cours de mathématiques préparatoires, se trouvent dix-neuf élèves de l'École centrale lyonnaise, c'est-à-dire, à fort peu près, tous les élèves de première année, qui viennent ainsi prendre à l'Université pour les mathématiques l'enseignement théorique qui leur est nécessaire. Il y a là le commencement d'une évolution que nous devons faciliter le plus possible ; il serait profitable à l'École centrale et à l'Université qu'il en soit pour la physique et la chimie de même que pour les mathématiques, la Faculté des Sciences distribuant à ses élèves les hautes notions de son large enseignement et les initiant ainsi aux joies et aux difficultés des recherches de la science pure, tandis que l'École pourrait consacrer une plus grande partie de ses ressources aux applications de la science et augmenter ainsi la valeur technique, déjà considérable d'ailleurs, de ses élèves diplômés. Mais ma pensée ne voit pas que l'École centrale : d'autres établissements trouveraient, je crois, avantage à l'imiter ; l'École vétérinaire, en particulier, n'aurait-elle pas bénéfice à venir puiser à la Faculté de Médecine ou à la Faculté des Sciences quelques-uns de ses enseignements ?

À LA FACULTÉ DES LETTRES. — Il y a lieu de constater le succès des cours préparatoires à l'agrégation de l'enseignement des langues vivantes et celui des conférences instituées pour la préparation aux grades supérieurs de l'enseignement primaire.

Ajoutons que la Faculté des Lettres a conféré cette année le grade de docteur à l'un de ses anciens élèves, M. Bardot, dont la thèse avait pour titre : *Sur la question des villes impériales d'Alsace.*

XII. — DOCTORAT DE L'UNIVERSITÉ

Ce titre de docteur de l'Université, récemment créé, a été décerné pour la première fois par la Faculté des Sciences au mois de mai dernier; le premier docteur de l'Université de Lyon est M. Leser, ingénieur-chimiste, dont la thèse, intitulée *Contribution à l'étude des cétones incomplètes*, a été remarquée dans le monde scientifique.

XIII. — CONSULATS UNIVERSITAIRES

Les étudiants étrangers qui viennent faire ou
compléter leurs études dans notre Université éprouvent
souvent, au début de leur séjour, des difficultés considérables provenant surtout de leur ignorance complète
de nos habitudes et de nos façons de vivre, et aussi de
leur isolement relatif, difficultés qui ne sont pas sans
influence sur leur nombre. Et cependant la nation a le
plus grand intérêt à étendre son influence et à faire
rayonner son action intellectuelle dans le plus grand
nombre de directions possible. Pour y contribuer, et
imitant en cela les procédés en usage dans les Universités étrangères, le Conseil a décidé la création de
consulats universitaires pour les étudiants étrangers.
M. le professeur Hugounenq a bien voulu accepter les
fonctions de consul pour les étudiants russes, bulgares,
roumains et serbes; M. le professeur Crolas, pour les
étudiants turcs et égyptiens, et M. le professeur Adrien
Pic, pour les étudiants suisses.

XIV. — PRIX DÉCERNÉS PAR LES FACULTÉS

La Faculté de Médecine a demandé et obtenu du
Conseil et de M. le Ministre l'autorisation de cesser, à
partir de cette année, la distribution des prix institués
autrefois près d'elle par l'administration supérieure.
Nos collègues avaient constaté en effet que les concours
étaient progressivement de plus en plus délaissés et

que par suite ils devenaient à peu près sans résultats utiles. Sur leur proposition, les sommes affectées à ces prix ont été transformées en deux bourses de voyage destinées à donner à leurs titulaires une connaissance sérieuse des méthodes médicales étrangères.

Ces bourses sont attribuées à deux élèves en médecine ou en pharmacie, à la suite d'un simple concours sur titres, mais aussi d'une enquête très sérieuse sur l'aptitude des candidats à parler la langue du pays où ils doivent être envoyés. Les boursiers admis doivent revenir à la Faculté avec un rapport sur diverses questions que le jury les a chargés d'étudier plus spécialement.

On ne saurait trop approuver l'intelligente initiative prise dans cette question par M. le Doyen de la Faculté de Médecine. La Faculté de Droit distribue elle aussi chaque année une série de prix et de médailles ; ces récompenses semblent d'ailleurs un peu plus recherchées par ses étudiants que par ceux de la Faculté de Médecine. Mais ne pense-t-elle pas que leur remplacement par une ou deux bourses de voyage aurait pour ses élèves beaucoup plus d'avantages que cette attribution de médailles et mentions diverses ?

XV. — DISTINCTIONS ACADÉMIQUES DÉCERNÉES AUX MEMBRES DE L'UNIVERSITÉ

M. LORTET, doyen de la Faculté de Médecine, et M. DEPÉRET, doyen de la Faculté des Sciences, ont été élus membres correspondants de l'Institut, et l'Académie de New-York a désigné M. Depéret comme l'un de ses correspondants étrangers. D'autre part, un certain nombre de membres de l'Université ont vu leurs travaux récompensés par l'Institut. Ce sont MM. Poncet, qui, pour son traité clinique « de l'actinomycose humaine », a reçu le prix Laborie (2.400 fr.) de l'Académie de Médecine, et le prix Montyon (2.300 fr.) de l'Académie des Sciences ; Bard, professeur d'hygiène, à qui l'Académie des Sciences a donné le prix Montyon (2.500 fr.) pour son traité de spécificité cellulaire ; Morat, qui a obtenu le prix La Caze pour ses travaux de physiologie ; Courmont et Doyon, avec le prix Bréard, et Mayet, à qui l'Institut a décerné le prix Montyon ; M. Caullery, de son côté, qui a obtenu une mention honorable sur le prix Serres ; M. Guinard, chef des travaux de thérapeutique, auquel l'Académie de Médecine a décerné le prix Orfila (2.000 fr.), en raison de son mémoire sur la coque du Levant; M. Lannois, auquel ses travaux sur l'absorption des médicaments par la peau ont valu le prix Desportes de l'Académie de Médecine; MM. Gerest et Xavier Delore, chefs de clinique, qui ont obtenu des mentions très honorables pour leurs travaux sur l'épilepsie et les maladies des voies urinaires; M. Chabot, professeur adjoint à la Faculté des Lettres, dont l'ouvrage *Nature et Moralité* a été couronné par l'Académie des Sciences morales et politiques (prix Audiffred : 1.000 fr.).

Nous devons signaler la haute distinction déférée à M. le Doyen Caillemer, que M. le Ministre de l'Instruction publique a nommé membre du Comité consultatif de l'Enseignement public : la longue expérience et la haute compétence de M. CAILLEMER seront certainement appréciées dans cette Assemblée et lui seront d'une grande utilité.

Il convient aussi de ne pas passer sous silence ce fait important, que, la première fois que la présidence du jury d'agrégation des Facultés de Droit a été confiée à un professeur de province, c'est dans la Faculté de Droit de Lyon qu'on l'a choisi et c'est son Doyen qu'on a nommé.

Mais l'Université n'a pas borné son action à notre pays : MM. PONCET, POLLOSSON (M.) et COURMONT ont su représenter dignement la science française au Congrès de la tuberculose, tenu à Berlin en mai 1899 ; de même que MM. CLÉDAT et REGNAUD ont entretenu le Congrès des Orientalistes tenu à Rome des progrès considérables de l'archéologie française.

XVI. — PROMOTIONS

Nous avons tous été heureux de voir :

M. LACASSAGNE promu de la 3ᵉ à la 2ᵉ classe ;

M. RENAUT, de la 2ᵉ à la 1ʳᵉ ;

M. HANNEQUIN, de la 4ᵉ à la 3ᵉ.

DISTINCTIONS HONORIFIQUES

Ont été nommés :

Officier de la Légion d'honneur : M. CROLAS ; chevalier de la Couronne d'Italie : M. TESTUT ; officiers de l'Instruction publique : MM. Poncet, Chandelux, Vessiot, Autonne et Texte ; officiers d'Académie : MM. Doyon, Condamin, Vallas, Renel, Perrigot et Douly.

XVII. — STATISTIQUE

Je ne crois pas devoir vous entretenir en détail des différents actes des différentes Facultés au point de vue des examens qu'elles ont eu à faire subir, pas plus que de la répartition de leurs étudiants dans leurs différents enseignements. Toutes ces données sont contenues dans les rapports que MM. les Doyens vous ont lus à la séance de rentrée.

Je me contenterai de vous indiquer, et ceci a pour vous une certaine importance, le chiffre total de nos étudiants par Faculté :

	1899	1898	Différence	
Faculté de Droit.	390	336	en plus	54
— de Médecine. . .	1510	1501	en plus	9
— des Sciences. . .	394	284	en plus	110
— des Lettres . . .	183	251	en moins	68
	2477	2372	en plus	105

Le nombre total de nos étudiants est donc resté à peu près stationnaire; et il y a lieu de croire que, sauf une légère augmentation possible sur les étudiants de la Faculté des Sciences, nous devons considérer ce chiffre comme le chiffre normal de notre population scolaire

XVIII. — INAUGURATION DU MUSÉE DE MOULAGES

Il importe, avant de terminer, de signaler deux faits intéressants :

En juin, M. le Directeur de l'Enseignement supérieur venait présider l'inauguration du Musée de moulages de la Faculté des Lettres, en présence des autorités municipales, des délégués du Conseil général, des donateurs et des professeurs de l'Université. A son exemple, je rappellerai les difficultés considérables que son initiateur et premier organisateur, M. Holleaux, a eu à vaincre pour arriver à son but, et le zèle que son successeur, M. Lechat, a apporté à la continuation de cette belle œuvre.

XIX. — RATTACHEMENT DE L'OBSERVATOIRE

Un autre fait intéressant est celui du rattachement de l'Observatoire à l'Université à partir de l'année 1900. Comme cette mesure ne portera de fruits qu'à partir de l'année courante, je me contente de la signaler. J'ajoute que, le Directeur de l'Observatoire étant devenu par suite du même décret membre de droit du Conseil de l'Université, la Faculté des Sciences a désigné pour le remplacer dans ce Conseil M. le professeur Gérard, qui avait déjà eu l'honneur d'y siéger pendant plusieurs années.

CONCLUSION

Je conclus. Comme vous l'a montré cet exposé, de nombreuses améliorations ont été introduites dans notre enseignement, un certain nombre d'institutions nouvelles fort importantes ont été créées, sans nuire à la prospérité des anciennes.

Est-ce à dire que ce mouvement ascendant va continuer d'une façon progressive? Malheureusement, je ne le crois pas; je pense, au contraire, qu'il faut s'attendre à un arrêt momentané.

L'Université a contracté pour la création de l'Institut de Chimie des dettes considérables dont les annuités absorbent une grande partie de ses revenus. Sur les disponibilités qui lui restent, il lui faut d'abord assurer l'aménagement des locaux laissés vacants par les services de chimie et leur appropriation aux services de physique, d'histoire naturelle et de mathématiques, dont l'installation actuelle est absolument insuffisante. C'est là pour elle une charge lourde et qu'elle n'assumerait pas sans un véritable effroi si elle n'était pas convaincue qu'elle peut compter sur le concours futur de tous ceux qui ont contribué à l'amener à sa situation de prospérité actuelle.

RAPPORT

DE

M. CAILLEMER

DOYEN DE LA FACULTÉ DE DROIT

Sur les travaux de cette Faculté

PENDANT L'ANNÉE SCOLAIRE 1898-1899

I. — ENSEIGNEMENT

Pendant l'année scolaire 1898-1899, notre enseignement, si vaste déjà, a reçu de nouveaux développements. Aux cours professés dans nos treize chaires magistrales, nous avions précédemment ajouté peu à peu dix-sept cours complémentaires. Il nous a semblé, et le Conseil de l'Université a bien voulu nous encourager dans cette voie, que de nouvelles créations s'imposaient.

1° Le décret du 30 avril 1895 sur le doctorat en droit portait que les aspirants à la mention « sciences politiques et économiques » seraient interrogés, lors de leur premier examen, sur l'histoire du droit public français, sur les principes du droit public ET le droit constitutionnel comparé, enfin, au choix du candidat, sur le droit administratif ou le droit international public. Un décret du 8 août 1898 a modifié ce programme et décidé que l'examen portera : 1° sur l'histoire du droit public français ; 2° sur le droit administratif ; 3° sur le droit international public ; 4° enfin, au choix du candidat, sur le droit constitutionnel comparé ou sur les principes généraux du droit public.

Nous avons demandé au Conseil et obtenu de lui que ces deux dernières branches de la science politique, jusque là réunies dans un seul cours, fussent maintenant séparées. Leur séparation est, depuis plusieurs années déjà, un fait accompli dans la Faculté de Paris, où deux professeurs titulaires, MM. Chavegrin et Larnaude, sont chargés spécialement d'enseigner, le premier le droit constitutionnel comparé, le second les principes du droit public. En nous conformant à l'exemple dor né par la Faculté de Paris, nous avons atteint un double but. Nous avons fortifié l'enseignement des sciences politiques, que recherchent de préférence nos futurs docteurs ; nous avons de plus permis à ces jeunes gens d'exercer utilement le droit d'option que leur accorde le décret du 8 août 1898, droit qui, sans le dédoublement, aurait été à peu près inutile.

2° Nous avons ouvert, au mois de novembre 1898, l'École de notariat annoncée dans mon précédent rapport.

Dans un projet de loi transmis au Sénat le 27 octobre 1896, le gouvernement a proposé d'abréger la durée du stage notarial en faveur des candidats pourvus des diplômes de licencié ou de docteur en droit, ou du certificat d'élève diplômé d'une École de notariat reconnue par l'État.

L'expérience a démontré que les diplômes de licencié en droit, et, à plus forte raison, les diplômes de docteur, ne sont pas accessibles pour beaucoup de futurs notaires. Tous les aspirants au notariat ne sont pas munis des diplômes de l'enseignement classique. La licence implique, d'ailleurs, l'étude de nombreuses branches de la science juridique, que le notariat regarde comme absolument étrangères à son instruction professionnelle, et auxquelles, par conséquent, il se montre peu favorable.

D'un autre côté, le certificat de capacité, tel qu'il est présentement organisé, ne suppose pas la connaissance de toutes les parties du droit civil qui sont utiles au notariat, et leur substitue une connaissance du droit criminel dont les notaires n'ont pas très grand besoin.

Il est donc désirable que des cours spéciaux et un diplôme particulier soient établis pour les futurs notaires, et ces cours spéciaux ont leur place naturellement indiquée dans les Facultés de droit.

Si le projet de réforme de la capacité en droit, adopté par la Faculté de Lyon, devait prévaloir, la difficulté ne serait pas très grande. Le certificat, avec son organisation nouvelle, répondrait, en grande partie, aux aspirations doctrinales des notaires, et il y aurait seulement de légères additions à faire au programme.

Mais, la réforme tardant beaucoup, ne convient-il pas, sans l'attendre, de donner, par l'institution, dans les Facultés de droit, d'un enseignement notarial, satisfaction à un vœu qui fut exprimé dès l'an XI et qui a été bien des fois renouvelé ?

Ce vœu, la Faculté de Lyon ne l'a jamais perdu de vue. A deux reprises, avec le bienveillant concours de la Chambre des notaires de l'arrondissement de Lyon, qui, sur l'initiative de deux de ses présidents, MM. Perrin et Letord, avait voté une subvention annuelle, la Faculté a ouvert avec succès, d'abord un cours, puis, plus tard, trois cours, spécialement professés pour les aspirants au notariat.

Ces cours ont été malheureusement interrompus.

Sur la demande de la Faculté, le Conseil de l'Université, et, après lui, M. le Ministre de l'Instruction publique, ont estimé qu'il y avait lieu de les rétablir et d'instituer dans l'Université de Lyon une véritable École de notariat.

Voici quelles sont les bases principales de la nouvelle institution :

La durée des études est de deux ans.

L'enseignement comprend des cours et des conférences.

Les cours portent sur : 1° la législation organique du notariat ; 2° et 3° le droit civil et le droit commercial dans leurs rapports avec le notariat ; 4° l'enregistrement et le timbre. Tous ces cours sont professés par des membres de la Faculté.

Les conférences, ayant pour objet des exercices pra-

tiques, discussions d'espèces, formules d'actes, etc.,
sont dirigées par un principal clerc, licencié en droit,
un de nos anciens élèves, lauréat dù Concours général
de 1883, M. François Dumaz, nommé par M. le Recteur
sur la double présentation de la Chambre des notaires
et de la Faculté.

II. — PERSONNEL ENSEIGNANT

Le temps n'est pas éloigné où je pouvais chaque
année, au début de mon rapport, constater que notre
personnel enseignant n'avait subi aucune modification.
Hélas ! il n'en est plus ainsi et les mutations sont
fréquentes.

Si je remonte seulement à six ans en arrière, à 1893,
je constate, en jetant un coup d'œil sur le tableau de
cette année et en le comparant à celui de 1899, que,
des quinze professeurs ou agrégés qui y figuraient
alors, huit seulement sont encore à Lyon. Il y a bien
eu des séparations forcées. Une mort prématurée nous
a enlevé M. Énou, et M. Mabire a été atteint par
l'inexorable limite d'âge. Mais c'est très volontaire-
ment que nos cinq autres collègues ont rompu les
liens qui les unissaient à nous. C'est de leur plein
gré et sur leur demande expresse que MM. Thaller,
Lesèur, Berthélemy et Audibert ont passé de la
Faculté de droit de Lyon dans la Faculté de droit de
Paris, et que M. Georges Blondel a renoncé à l'enseignement universitaire pour se consacrer plus librement

à l'étude des questions sociales et à la vulgarisation des solutions qu'elles comportent.

On semblait croire que l'institution des Universités provinciales donnerait au personnel enseignant une stabilité plus grande. Illusion! Les déplacements sont aussi fréquents aujourd'hui qu'ils l'étaient avant la loi du 10 juillet 1896.

L'année qui finit a été, comme ses devancières, marquée par plusieurs mutations; les unes ne portent que sur des titres; mais d'autres, beaucoup plus importantes, touchent, hélas! aux personnes. Je vais les exposer rapidement dans leur ordre chronologique.

Par décret du 8 mai 1899, M. Jean APPLETON, notre premier agrégé, a été nommé professeur de droit administratif, en remplacement de M. ÉNOU. M. Jean APPLETON nous appartenait à tant de titres que cette nomination n'avait jamais été pour moi l'objet d'aucun doute. Les liens étroits qui l'unissent à l'un de ceux qui ont créé la Faculté et qui lui sont restés invariablement fidèles, sa double qualité d'ancien élève et de lauréat de nos concours, sa participation depuis 1895 à tous nos travaux, tout nous garantissait qu'il serait définitivement investi de l'enseignement du droit administratif. Mais, aucune dispense d'âge n'étant plus accordée depuis le jour où force législative a été reconnue au décret du 9 mars 1852 sur l'instruction publique, il fallait bien attendre que notre jeune agrégé eût les trente ans requis par ce décret. Devenu le collègue de ses anciens maîtres, M. Jean APPLETON tiendra à honneur de suivre les exemples que, dès sa plus tendre enfance, il a eus sous les yeux : l'accomplissement scrupuleux de tous les devoirs professionnels, le dévouement sans réserve aux élèves, le travail incessant manifesté périodiquement par d'importantes publications.

Par décret du 29 juillet 1899, M. AUDIBERT, professeur de droit romain à la Faculté de droit de Lyon, a été, sur la présentation de la Faculté de droit de Paris, nommé professeur de droit romain dans cette Faculté, en remplacement de M. GARSONNET.

Né, à Lyon, d'une famille lyonnaise, allié par son mariage à une autre famille lyonnaise, brillant élève du Lycée de Lyon, premier docteur de la Faculté de droit de Lyon, M. AUDIBERT était Lyonnais par tant de côtés que jamais la perspective de son départ ne s'était présentée à notre esprit. La séparation n'en a été que plus douloureuse. Vainement nous dirait-on que c'est un honneur pour la Faculté de Lyon de voir la Faculté de Paris, quand, à titre exceptionnel, elle appelle dans l'une de ses chaires un professeur de province, porter son choix sur un Lyonnais. La peine que nous cause le départ prime tout autre sentiment.

Nous nous rappellerons toujours le zèle incessant de M. AUDIBERT pour l'œuvre commune, son souci perpétuel de faciliter le travail et d'assurer les progrès de ses élèves, son ardeur pour les recherches scientifiques attestée par de savantes publications, et plus encore sa douceur de caractère, sa modération, son amour de la paix et de la concorde, qui lui ont valu tant de solides amitiés.

Nul n'a été plus affligé que moi par la détermination de mon jeune collègue. Trente ans de souvenirs quotidiens m'unissent à M. AUDIBERT. Depuis 1869, date de son inscription sur la liste des prix d'honneur du Lycée Ampère, je l'ai suivi, jour par jour, à Grenoble d'abord, pendant ses premières études de droit, puis à Lyon, où il compléta avec nous son doctorat, m'assistant dans la création de notre bibliothèque. En 1878, je siégeais dans le jury qui lui décerna la première des places d'agrégé alors mises au concours. De 1878 à 1899, nous ne nous sommes jamais perdus de vue.

Bien que le décret du 28 décembre 1885, dans son article 41, paraisse réserver le titre de professeur honoraire aux professeurs titulaires admis à faire valoir leurs droits à la retraite, nous aimons à penser que M. AUDIBERT pourra, comme son devancier à Paris, M. THALLER, continuer à figurer sur le tableau du personnel de la Faculté.

Par arrêté du 1er août 1899, M. CAILLEMER, professeur de droit civil à la Faculté de droit de Lyon, a été nommé pour trois ans, à dater du 29 octobre 1899, doyen de ladite Faculté. Ma première nomination au décanat remontant au 29 octobre 1875, date de la création de la Faculté, je suis maintenant dans une neuvième période triennale de l'exercice du décanat, et j'ai, sans contestation possible, le privilège peu enviable d'être aujourd'hui, comme me le disait naguère mon collègue de Paris, le doyen des doyens.

Par décret du 9 novembre 1899, M. SOUCHON, professeur d'histoire des doctrines économiques et

d'économie politique (doctorat) à la Faculté de droit
de Lyon, chargé de suppléer M. BEAUREGARD, député,
dans la chaire d'économie politique (première année)
de la Faculté de droit de Paris, a été nommé professeur
adjoint dans cette dernière Faculté. Malgré son
nouveau titre, M. SOUCHON continue d'appartenir à la
Faculté de droit de Lyon et son nom figure toujours
sur le tableau à la place qu'il y occupait antérieu-
rement. Mais nous sentons tous que le lien qui l'unis-
sait à nous est bien réellement brisé et qu'il ne
remontera jamais dans sa chaire lyonnaise.

Par deux arrêtés du 11 novembre 1899, M. Charles
BROUILHET, agrégé des Facultés de droit (section des
sciences économiques), a été d'abord attaché à la
Faculté de droit de Lyon, puis chargé, pour l'année
scolaire 1899-1900, des deux cours d'histoire des
doctrines économiques et d'économie politique
(doctorat), provisoirement vacants par suite de
l'absence de M. SOUCHON. M. BROUILHET, ancien élève
de la Faculté, lauréat de ses concours, initié à l'enseignement par une assez longue collaboration à l'œuvre
de la Faculté de droit de Montpellier, a récemment
conquis la première des six places d'agrégé mises au
concours dans l'ordre des sciences économiques. Il a
manifesté le désir d'être associé à ses anciens maîtres
et son vœu a reçu satisfaction. Nous en sommes aussi
heureux qu'il peut l'être personnellement; nous
n'avons oublié ni son activité scientifique, ni son
dévouement à des causes généreuses, et il trouvera
parmi nous le meilleur accueil.

Par arrêté du 11 novembre 1899, M. Charles GUER
NIER, agrégé des Facultés de droit (section des sciences
économiques), précédemment chargé dans notre
Faculté des cours d'histoire des doctrines économiques
et d'économie politique (doctorat); a été attaché à la
Faculté de droit de Lille, M. GUERNIER n'a appartenu
à la Faculté de Lyon que pendant une année seulement.
Mais, si courte qu'ait été sa collaboration, elle nous
laisse de très bons souvenirs. Ses qualités d'esprit et de
cœur, sa courtoisie, les mérites de son enseignement,
que les Amis de l'Université ont pu apprécier dans
une conférence publique sur la crise agraire des hautes
terres de l'Écosse, l'affectueuse bienveillance avec
laquelle il encourageait les travaux de ses élèves,
justifient les regrets que nous éprouvons de n'avoir
pu conserver à Lyon ce jeune et brillant professeur.

Par deux arrêtés du 26 novembre 1899, M. HUVELIN,
agrégé des Facultés de droit (section d'histoire du
droit), a été d'abord attaché à la Faculté de droit de
Lyon, puis chargé, pour l'année scolaire 1899-1900,
d'un cours de droit romain. Docteur de la Faculté de
Paris, M. HUVELIN s'est déjà fait connaître par une
remarquable étude historique sur le droit des foires et
des marchés. Ce livre, qui comble une lacune de
l'histoire de nos institutions, est particulièrement
intéressant dans la partie qui se réfère à l'émancipation
et au développement des communes. M. HUVELIN
était, l'année dernière, chargé du cours d'histoire
du droit à la Faculté d'Aix. Il vient d'obtenir la
première des places d'agrégé mises au concours pour

la section historique et abandonne, pour venir à nous, les recherches qu'il avait commencées dans les archives de Marseille. Les compensations ne lui feront pas défaut. Je ne crois pas me tromper en disant que Lyon lui offrira pour ses études des documents de premier ordre, encore inexplorés, à l'aide desquels il pourra reconstituer l'histoire du commerce et du droit commercial lyonnais.

Aucun de mes collègues n'a obtenu, pendant l'année qui finit, une distinction honorifique, et un seul a bénéficié d'une promotion de classe. A l'occasion du 1er janvier 1899, M. GARRAUD, qui est, à l'heure actuelle, par l'ancienneté des services, le doyen de mes collaborateurs, a été élevé de la troisième classe à la deuxième.

Cette promotion, faite au choix et en première ligne, alors que notre collègue était encore assez loin sur le tableau d'ancienneté, a été, dans la pensée des membres du Comité consultatif qui en ont pris l'initiative, la juste récompense des remarquables travaux de M. GARRAUD sur le droit pénal. La nouvelle édition qu'il publie de son traité théorique et pratique est presque une œuvre nouvelle, tant elle a été soigneusement remaniée pour faire une place, non seulement à la jurisprudence la plus récente, mais encore aux théories nouvelles exposées dans les congrès et aux doctrines des criminalistes français et étrangers.

Pour ne rien omettre, je mentionnerai, en terminant, deux nominations, qui étaient, l'une et l'autre, bien inattendues, parce que des traditions administratives, en apparence inéluctables, s'y opposaient. Elles ont été toutes les deux inspirées, non pas par des considérations personnelles, mais exclusivement par le souci de la dignité des Universités provinciales. M. le Directeur de l'Enseignement supérieur, qui en a pris l'initiative, a voulu, par l'innovation, prouver que toutes les Universités sont sur un pied d'égalité, quel que soit leur siège, et que tous leurs professeurs peuvent être l'objet des mêmes distinctions.

Par un premier arrêté du 25 novembre 1898, M. CAILLEMER, doyen de la Faculté de droit de l'Université de Lyon, a été nommé membre du Comité consultatif de l'enseignement public (première section), et désigné pour siéger, en cette qualité, dans la Commission du droit.

Par un second arrêté du 1er août 1899, M. CAILLEMER, doyen de la Faculté de droit de l'Université de Lyon, a été appelé à présider le jury du concours ouvert à Paris, le 2 octobre 1899, pour trois places d'agrégé des Facultés de droit (section de droit privé et de droit criminel).

L'admission à la retraite de M. le professeur MABIRE ayant rendu vacants les deux sièges qu'il occupait, depuis l'origine, dans le Conseil de l'Université et dans le Conseil académique, la Faculté a été appelée à se donner un nouveau représentant dans chacune de ces deux Assemblées. Ont été élus, membre du Conseil de l'Université, M. le professeur AUDIBERT, et, membre du Conseil académique, M. le professeur ROUGIER.

III. — PERSONNEL ÉTUDIANT

Le nombre des étudiants, qui, pendant l'année 1898-1899, ont fait acte de scolarité dans la Faculté de droit de Lyon, a été de 401.

Mais je dois, comme je l'ai toujours fait, déduire de ce chiffre total un certain nombre de jeunes gens, qui figurent, avec plus de raison, dans les statistiques de l'enseignement libre. C'est à cet enseignement qu'ils se rattachent en réalité, puisque c'est à lui qu'ils demandent les inscriptions réglementaires, et qu'ils se bornent à subir devant nous les épreuves préalables à la collation des grades. Les faire entrer dans les statistiques de l'enseignement officiel, c'est les compter deux fois comme étudiants en droit et grossir, au détriment de la vérité, le nombre, que beaucoup trouvent déjà trop fort, des élèves de nos Facultés.

Si je renouvelle cette observation, c'est surtout par respect pour les principes, qu'on reproche aux doyens de trop oublier dans leurs rapports annuels, et auxquels je me suis toujours scrupuleusement conformé. Leur oubli, dans le cas présent, ne serait pas très grave ; car, à Lyon, le groupe des jeunes gens auxquels je fais allusion va toujours en diminuant. Il était encore de 20 en 1898. Il est de 11 seulement pour 1899. De la Faculté libre de droit de Lyon, nous n'avons examiné que 3 élèves de première année, 3 élèves de deuxième année, 1 élève de troisième année et 4 aspirants au doctorat.

Les élèves appartenant réellement à notre Faculté ont donc été au nombre de 390, ainsi répartis :

Aspirants au certificat de capacité	40
Étudiants de première année.	98
Étudiants de deuxième année	67
Étudiants de troisième année	70
Aspirants au doctorat	101
Élèves de l'École de notariat.	14
TOTAL. . . .	390

En rapprochant purement et simplement ce chiffre total : 390, de celui de 1898, qui était : 336, on croirait à une assez forte augmentation. Nous aurions eu, pendant l'année qui finit, 54 élèves de plus que pendant l'année précédente. Mais cette conclusion serait erronée.

Les 336 de 1898 comprenaient seulement les étudiants immatriculés d'office comme ayant pris des inscriptions en vue des grades et les immatriculés sur requête qui avaient subi un examen. Les immatriculés, qui ne figuraient ni parmi les inscrits, ni parmi les examinés, n'étaient pas entrés en ligne de compte. En procédant de la même façon pour 1899, nous arriverions seulement à 346, ainsi répartis :

Aspirants au certificat de capacité	36
Étudiants de première année.	93
Étudiants de deuxième année	67
Étudiants de troisième année	68
Aspirants au doctorat.	82
TOTAL. . . .	346

L'augmentation serait ainsi réduite à dix (1).

Le différence tient à la présence sur les registres, en 1898-1899, de 30 élèves qui ont demandé leur immatriculation, mais qui n'ont, pendant l'année, ni pris une inscription en vue d'un grade, ni subi un examen. Ils ont suivi les cours, et ont pu jouir des avantages offerts par nos bibliothèques ; ils méritent bien le titre d'élèves en cours d'études, que l'on concède à tort à une foule d'anciens élèves dont les inscriptions ne sont pas encore périmées, et dont je n'ai jamais fait état dans mes statistiques.

Le surplus de l'écart est dû à l'ouverture de l'École de notariat, dont les cours ont été suivis par 14 élèves ne rentrant pas dans les cadres ordinaires de la Faculté.

Les 390 élèves qui ont fait acte de scolarité doivent être divisés en quatre groupes (2) :

(1) Un de nos plus brillants docteurs de 1898, M. Paul Vivier, jugé digne, avec éloge spécial, de la mention « sciences politiques et économiques », et aspirant à la mention « sciences juridiques », a été enlevé en quelques jours à l'affection de ses maîtres et de ses condisciples.

(²)

Répartition des 390 élèves

	INSCRITS ET EXAMINÉS	INSCRITS	EXAMINÉS	IMMATRICULÉS	TOTAUX
Capacité.	16	16	4	4	40
1re année	50	22	21	5	98
2e année.	54	5	8	»	67
3e année.	42	4	22	2	70
Doctorat.	14	17	51	19	101
Notariat	»	»	»	14	14
Totaux . . .	176	64	106	44	390

1° Élèves qui ont pris des inscriptions et ont subi des examens : 176, soit 45 p. 100;

2° Élèves qui ont pris des inscriptions, mais qui n'ont pas subi d'examens : 64, soit 17 p. 100;

3° Élèves qui ont subi des examens, mais qui n'ont pas pris d'inscriptions (non compris les 11 élèves venus de la Faculté libre de Lyon) : 106, soit 27 p. 100;

4° Élèves immatriculés sur requête (1) et n'ayant pas subi d'examens : 44, soit 11 p. 100.

Si, comme dans les statistiques des précédentes années, on négligeait les immatriculés composant le quatrième groupe, on aurait, au lieu des trois proportions 45, 17 et 27, les proportions 51, 18 et 31, assez voisines des proportions notées en 1898 : 52, 20 et 28. Le groupe des étudiants parfaitement réguliers n'est descendu que de 52 à 51.

Le nombre des inscriptions prises en vue des grades a été de 878 (2). Il était l'année dernière de 853.

(1) Le nombre des étudiants immatriculés sur leur demande a été réellement de 91. Mais, sur ces 91, 47 ont, pendant l'année, subi un ou plusieurs examens, et figurent à ce titre dans le troisième groupe.

(2)   **Inscriptions de l'année 1898-1899**

	NOVEMBRE	JANVIER	MARS	MAI	TOTAUX
Capacité.	32	26	25	28	111
1re année	68	60	66	66	260
2e année	55	54	62	60	231
3e année	46	43	45	41	175
Doctorat	30	24	25	22	101
Totaux.	231	207	223	217	878

Nous avons donc une augmentation de 25 sur 1898 et de 73 sur 1897 (1).

Mais, si, négligeant le total, on examine les éléments dont il se compose, on est autorisé à prévoir une diminution pour l'année qui commence. En première année, nous tombons de 307 à 260; diminution : 47. Or, de cette première année dépend le recrutement des bacheliers et des licenciés à venir.

Les 878 inscriptions ayant été prises par les 240 élèves des deux premiers groupes (176 + 64), nous avons, pour chaque élève inscrit, une moyenne de 3 inscriptions, 66/100 (2). C'est une proportion relativement élevée, plus forte que celle de 1898 (3,54), et

(1) Comparaison des inscriptions des années 1896 à 1899

	1896-1897		1897-1898		1898-1899	
Capacité.	92	+ 15	86	— 6	111	+ 25
1re année . . .	268	— 5	307	+ 39	260	— 47
2e année.	197	+ 2	177	-- 20	231	+ 54
3e année . . .	170	— 31	178	+ 8	175	— 3
Doctorat . . .	78	— 86	105	+ 27	101	— 4
Totaux . .	805	— 105	853	+ 48	878	+ 25

(2) Comparaison des inscrits et des inscriptions

	NOMBRE DES INSCRITS	NOMBRE DES INSCRIPTIONS	PROPORTION PAR ÉLÈVE
Capacité . .	32	111	3,47
1re année . . .	72	260	3,61
2e année . . .	59	231	3,92
3e année	46	175	3,80
Doctorat	31	101	3,26
Totaux . .	240	878	3,66

qui prouve que nos élèves demeurent fidèles à leurs habitudes de discipline et de régularité. Pour la seconde année, la moyenne atteint 3,92; c'est-à-dire que presque tous les élèves (55 sur 59) ont pris à Lyon leurs quatre inscriptions réglementaires.

Le nombre des inscriptions aux conférences facultatives reste toujours sensiblement inférieur aux espérances de 1895. Pour l'année tout entière, nous en avons eu 113. C'est un peu plus qu'en 1898; nous étions alors à 106. Mais la répartition entre les deux semestres est moins inégale : 61 pour le premier semestre, 52 pour le deuxième. Il en résulte que, malgré l'accroissement des inscriptions, il y a eu moins d'élèves prenant part aux exercices : 78 au lieu de 83 (1).

Le nombre des conférences a été de 320; 159 pour le premier semestre, 161 pour le deuxième.

Presque tous les professeurs et les agrégés ont dû prendre part à la direction de ces exercices; ils ont été assistés, dans cette tâche, par deux jeunes docteurs, candidats à l'agrégation, M. Louis GALLAND et M. René GONNARD, qui ont dirigé, le premier des con-

(1) Répartition des **78** élèves inscrits aux conférences

	POUR LES DEUX SEMESTRES	POUR LE PREMIER SEMESTRE	POUR LE DEUXIÈME SEMESTRE	TOTAUX
1re année. . . .	10	4	3	17
2e année . . .	5	4	2	11
3e année	13	6	7	26
Doctorat juridique.	5	3	4	12
Doctorat politique	2	9	1	12
TOTAUX . . .	35	26	17	78

férences de droit privé, le deuxième des conférences d'économie politique.

L'assiduité des élèves a été, comme toujours, satisfaisante. Le nombre des présences aux cours et aux conférences est même notablement plus élevé que celui de 1898, puisqu'il passe de 47.702 à 51.204; augmentation : 3.502.

IV. — EXAMENS

Pendant l'année scolaire 1898-1899, la Faculté de droit de Lyon a jugé 455 épreuves (1).

(1) **Examens de l'année 1898-1899.**

EXAMENS		NOMBRE TOTAL	ADMISSIONS	PROPORTION POUR CENT	AJOURNEMENTS	PROPORTION POUR CENT
Capacité		20	11	55	9	45
1re Année		96	49	51	47	49
2e Année	1re épreuve	65	42	65	23	35
	2e épreuve	62	43	69	19	21
3e Année	1re épreuve	68	43	63	25 (*)	37
	2e épreuve	59	48	81	11	19
Doctorat ancien	2e examen	5	2	40	3	60
	Thèse	7	7	100	»	»
Doctorat sciences juridiques	1er examen	14	14	100	»	»
	2e examen	18	12	67	6	33
	Thèse	7	7	100	»	»
Doctorat sciences politiques	1er examen	18	12	92	1	8
	2e examen	12	9	75	3	25
	Thèse	8	7	88	1	12
Examen de passage		1	1	100	»	»
TOTAUX		455	307	67,47	148	32,53

(*) Sur les 25 ajournés à la première partie de l'examen de troisième année, 20 ont été éliminés pour l'épreuve écrite, 5 ont échoué pour l'épreuve orale.

L'année précédente, elle en avait jugé 439.

C'est une augmentation de 16. Elle porte principalement sur la deuxième année : 127 au lieu de 113 ; elle se fait sentir également pour la troisième année : 127 au lieu de 122 ; et pour la capacité : 20 au lieu de 16. Mais, par compensation, il y a diminution pour la première année : 96 au lieu de 101, et pour le doctorat : 85 au lieu de 87.

Les 455 épreuves ont été suivies de 307 admissions et de 148 ajournements. La moyenne des admissions est donc de 67 p. 100, celle des ajournements de 33 p. 100. Ces proportions sont presque absolument les mêmes que celles de 1898.

En décomposant le chiffre total, on ferait des observations analogues à celles que j'ai déjà présentées au Conseil et qu'il me paraît inutile de reproduire longuement. Je me borne à constater que les étudiants de première année se font ajourner dans la proportion de 49 p. 100. C'est presque la moitié. Nos plus jeunes élèves, malgré tous nos avertissements, ne se rendent pas suffisamment compte de la différence qui existe entre nos programmes d'études et ceux du temps passé...

Par une heureuse compensation, que nous souhaitons durable, la moyenne des admissions aux épreuves du doctorat s'est notablement élevée. En 1898, elle atteignait, abstraction faite des thèses, 64 p. 100. En 1899, elle arrive à 79 p. 100. Chose notable ! il n'y a pas eu un seul ajournement au premier examen pour le doctorat sciences juridiques, examen qui, dit-on, effraie beaucoup les candidats et dont la perspective n'est pas sans influence sur le recrutement du doctorat sciences politiques.

Les épreuves pour la capacité, pour le baccalauréat et pour la licence, qui donnent lieu à des suffrages individuels, sauf délibération du jury, ont été jugées par 1163 boules, qui sont ainsi réparties :

Boules blanches	143 soit	12 0/0
Boules blanches-rouges	178	15 0/0
Boules rouges.	443	38 0/0
Boules rouges-noires	274	24 0/0
Boules noires	123	11 0/0
Total	1163	100

Les bonnes notes *(très bien* et *bien)* sont dans la proportion de 27 p. 100 ; les mauvaises *(passable* et *mal)* dans la proportion de 35 p. 100. La médiocrité forme la différence : 38 p. 100. Ces résultats sont à peu près ceux que nous constatons d'habitude (1).

(1) Plusieurs de mes collègues demandent périodiquement, dans leurs rapports annuels, le rétablissement, en faveur des aspirants à la licence, de la session de janvier, qu'autorisait le décret du 28 décembre 1880 et qu'a supprimée le décret du 30 avril 1895. Je ne peux pas m'associer à leur requête.

La session de janvier avait été, dès 1880, très justement critiquée et l'expérience avait, à mon avis, trop justifié les critiques. Elle permettait aux étudiants de faire un calcul aussi nuisible à leurs intérêts qu'à la discipline; de négliger, comme le dit la circulaire ministérielle du 15 mai 1882, au moins provisoirement, une des deux parties de l'épreuve pour concentrer leurs efforts sur l'autre; de ne s'occuper de la seconde qu'après réussite à la première. Aujourd'hui la crainte de ne pas réparer un échec subi dans l'unique session de novembre pousse les élèves, d'abord à se présenter en juillet, puis à préparer

Pour les 63 examens de doctorat, la moyenne est évidemment bien meilleure, la réception impliquant pour chaque épreuve une majorité de boules blanches.

Sur 252 suffrages exprimés, on trouve :

Boules blanches	146 soit	58 0/0
Boules blanches-rouges.	69	27 0/0
Boules rouges	30	12 0/0
Boules rouges-noires	4	2 0/0
Boules noires	3	1 0/0
Total	252	100

Il m'a paru utile de séparer les deux groupes d'épreuves, au lieu de les confondre comme on le fait

simultanément toutes les branches de la science juridique sur lesquelles ils doivent être interrogés.

N'est-il pas d'ailleurs toujours vrai, ainsi que le faisait observer l'éminent rapporteur de 1895, que la session de janvier serait une cause de désorganisation des études? Sans parler du trouble qu'elle apportait dans l'enseignement en obligeant les professeurs à suspendre leurs travaux pour vaquer aux examens, elle méconnaissait les intérêts véritables des étudiants attardés. L'ajourné de novembre ne suivait pas les cours avec ses condisciples jusqu'au mois de janvier, et, lorsque, l'examen subi, son inscription était devenue possible, il n'avait plus un temps suffisant pour profiter des cours, notamment des cours semestriels, et pour se préparer sérieusement et utilement à l'examen suivant.

C'est dans l'intérêt général, pour favoriser l'ordre et la régularité dans les études, que la session de janvier a été supprimée. La rétablir, pour donner satisfaction aux doléances d'élèves auxquels n'ont pas suffi les deux sessions de juillet et de novembre, serait une générosité imprudente. Les grandes Écoles, dont la discipline peut être proposée comme modèle, n'ont qu'une session par année et l'idée ne leur viendra pas d'ouvrir des sessions supplémentaires pour les jeunes gens dont les échecs prouvent que le travail a été défectueux.

Nos règlements ne pèchent pas par excès de sévérité. Bien loin de là! Est-il nécessaire de les mitiger encore, comme on l'a fait en réduisant de trois mois à deux mois le temps pendant lequel un aspirant au doctorat ne peut pas renouveler l'épreuve pour laquelle il a été ajourné?

habituellement. La moyenne est évidemment faussée quand on additionne les notes méritées par un groupe dont les membres, malgré l'extension que la loi militaire a donné à leur nombre, forment toujours une élite, aux notes dont se contentent les élèves qui n'aspirent pas au doctorat.

Je dois me conformer à l'usage établi dans toutes les Facultés de droit d'inscrire dans le rapport annuel les noms des élèves dont les épreuves ont été très bonnes.

L'éloge réglementaire, résultant de l'unanimité de boules blanches, a été obtenu :

Pour l'examen de première année, par M. Jean BORIE ;

Pour l'examen de deuxième année, par M. [Paul APPLETON ;

Pour l'examen de troisième année, par M. Wilhelm LAFAY, et par M. COCURAL, lieutenant au 92e régiment d'infanterie (1) ;

Pour le premier examen de doctorat, sciences juri-

(1) Dans le texte du rapport, je n'ai fait figurer, pour la deuxième et pour la troisième année, que les élèves qui ont obtenu la note *très bien* aux deux parties de l'examen. Si l'on tenait compte des épreuves isolées, on aurait le tableau suivant :

2e Année. — 1re Partie : M. Paul APPLETON *(éloge)*.
          2e Partie : M. Paul APPLETON *(éloge)*, M. JAY, M. PATOUILLARD.

3e Année. — 1re Partie : M. COCURAL *(éloge)*, M. LAFAY *(éloge)*.
          2e Partie : M. COCURAL, M. JARAY, M. LAFAY, M. PARET, M. PEY *(éloge)*, M. VUCHOT.

Sur les 350 épreuves de baccalauréat et de licence, il n'y a donc eu que 13 épreuves très bonnes et 6 dignes de l'éloge spécial ; c'est vraiment bien peu, surtout lorsque l'on voit que, sur 62 examens de doctorat, il y a 15 examens très bons et 8 dignes d'éloges.

diques, par MM. Charles BOUCAUD, élève de la Faculté libre de Lyon, Antoine DURAFOUR, Maurice DROUOT, Marie-Adolphe GUILLOUD, Camille HUMBERT et Jean PERROUD ;

Pour le deuxième examen de doctorat, sciences juridiques, par MM. Léon COUDEYRETTE, Marie-Adolphe GUILLOUD et Albert VIALET ;

Pour le premier examen de doctorat, sciences politiques, par MM. Paul ARNOLLET, lieutenant au 11e bataillon d'artillerie, Jean CRETTIEZ, inspecteur adjoint des forêts, Félix METTEY et Paul THUILLIER ;

Pour le deuxième examen de doctorat, sciences politiques, par MM. DIMOUX-DIME et Louis RESSI-CAUD.

Des mentions spéciales d'éloge, décernées par un vote unanime du jury, ont, en outre, été accordées à MM. BORIE, Paul APPLETON, DROUOT, GUILLOUD (premier examen), HUMBERT, PERROUD, COUDEYRETTE, ARNOLLET, CRETTIEZ et METTEY.

Vingt-trois thèses pour le doctorat ont été présentées à la Faculté et vingt-deux ont été soutenues par leurs auteurs. Jamais nous n'avions eu à juger un si grand nombre de dissertations.

L'effet de la loi militaire du 15 juillet 1889 est ici bien incontestable, et, si l'on remarque que nous avons, à l'heure actuelle, une centaine d'aspirants au grade de docteur inscrits ou immatriculés, on est en droit de penser que nous n'avons pas encore atteint le maximum.

Un seul ajournement a été prononcé.

Des vingt et un candidats jugés dignes du grade, neuf ont mérité la note *très bien*. Ce sont :

Pour le doctorat, ancien régime : M. Charles DACLIN ;

Pour le doctorat, sciences juridiques : MM. Henri BIGALLET, Georges COMPAYRÉ, René GONNARD, et Eugène JULLIEN ;

Pour le doctorat, sciences politiques et économiques : MM. Henri BIGALLET, Justin GODART, Francisque REGAUD et Jean TERRAS.

Quatre mentions spéciales d'éloge, ajoutées à l'éloge réglementaire, ont été accordées à MM. Henri BIGALLET (sciences politiques), Georges COMPAYRÉ, Justin GODART et Eugène JULLIEN.

En résumé, la Faculté de droit de Lyon a délivré, pendant l'année scolaire 1898-1899, onze certificats de capacité, trente-neuf diplômes de bachelier, quarante-sept diplômes de licencié et vingt et un diplômes de docteur. Le total des grades conférés a donc été de cent dix-huit.

La Faculté de Lyon a été honorablement représentée par ses élèves, d'abord dans le concours général annuellement ouvert au mois de juillet entre les étudiants de troisième année de toutes les Facultés de droit de France, puis dans deux des concours ouverts au mois d'octobre 1899 pour le recrutement de l'agrégation.

Le jury du concours général a, en 1899, décerné seulement cinq récompenses. Trois ont été accordées à des élèves de notre Faculté. Si beau que soit le succès, il eût été plus brillant encore si quelques-uns de nos lauréats, ceux qui occupent dans nos concours lyonnais la première place, ne s'étaient pas retirés de la lutte, effrayés par l'apparente difficulté du sujet. M. CHAPUIS, qui obtient le deuxième prix, MM. Antoine ROUGIER et BONNIAUD, qui bénéficient des deuxième et troisième mentions, ont été plus courageux et nous applaudissons à leur victoire. Grâce à leur persévérance, trois médailles nouvelles s'ajoutent aux trente-quatre qui figuraient déjà sur notre tableau d'honneur (quatorze prix et vingt-trois mentions).

Deux de nos docteurs, M. Philippe BONNECARRÈRE et M. Louis GALLAND ont subi les épreuves de l'agrégation dans la section de droit privé et de droit criminel. Il y avait trente-cinq concurrents dans cette section et le jury disposait seulement de trois places ! M. BONNECARRÈRE a eu l'honneur, non seulement d'être classé, après les trois premières épreuves, sur la liste des douze candidats qui ont été admis à subir les dernières épreuves, mais encore d'être proposé à M. le Ministre pour l'une des suppléances qui deviendraient nécessaires avant le prochain concours.

Dans la section des sciences économiques, trois de nos docteurs, MM. Henri BIGALLET, Charles BROUILHET et René GONNARD, ont honorablement subi toutes les épreuves. J'ai déjà dit que M. BROUILHET a été jugé digne de la première des six places mises au concours, de cette place d'honneur que lui disputaient plusieurs chargés de cours fort expérimentés, et, en particulier, notre brillant collaborateur de l'année dernière M. Charles GUERNIER. M. BIGALLET, sans obtenir encore le titre d'agrégé, a été recommandé par le jury à M. le Ministre, pour le cas où le nombre limité des vainqueurs ne permettrait pas de combler tous les vides existant dans le personnel enseignant (1).

V. — SITUATION FINANCIÈRE

Nous terminerons ce rapport en indiquant, sans commentaires, le produit des droits d'études et d'examen dans la Faculté de droit de Lyon pendant les deux années 1898 et 1899.

Droits d'études (Université)

	1898	1899
Inscriptions.	21.870 »	21.540 »
Immatriculations	1.380 »	1.780 »
Droits de bibliothèque	2.735 »	2.762 50
	25.985 »	26.082 50

Droits d'examen (État)

	1898	1899
Examens et thèses	30.350 »	29.810 »
Certificats d'aptitude	10.500 »	11.810 »
Diplômes	8.950 »	10.875 »
	49.800 »	52.495 »

(1) M. Bigallet n'a pas tardé à être chargé, pour l'année scolaire 1899-1900, d'un cours d'économie politique dans la Faculté de Montpellier.

NOMBRE DES PRÉSENCES CONSTATÉES

Novembre	6.057
Décembre	8.594
Janvier	7.048
Février	6.649
Mars	6.077
Avril	4.321
Mai	6.126
Juin	5.681
Juillet	651
TOTAL	**51.204**

Première année	16.257
Deuxième année	13.762
Troisième année	13.512
Doctorat juridique	1.545
Doctorat politique	2.919
Conférences	2.699
École de notariat	510
TOTAL	**51.204**

CONCOURS GÉNÉRAL

OUVERT LE 17 JUILLET 1899

ENTRE LES ÉTUDIANTS DE TROISIÈME ANNÉE

DE TOUTES LES FACULTÉS DE DROIT DE FRANCE

1er Prix : M. ROUSSEAU, Henri, élève de la Faculté de Paris.

2e Prix : M. CHAPUIS, Auguste, élève de la Faculté de Lyon.

1re Mention : M. GASTAMBIDE, élève de la Faculté de Paris.

2e Mention : M. ROUGIER, Antoine, élève de la Faculté de Lyon.

3e Mention : M. BONNIAUD, élève de la Faculté de Lyon.

RAPPEL DES LAURÉATS DE LA FACULTÉ DE LYON

De 1875-1876 (année de la création de la Faculté) à 1898.

1er Prix : 1880 (M. Alfred PEIRON); 1882 (M. Paul PIC); 1883 (M. Charles RIVIÈRE); 1884 (M. Émile BOUVIER); 1896 (M. Robert CAILLEMER).

2e Prix : 1876 (M. DEVOURS); 1881 (M. Anthelme RUBELLIN); 1882 (M. BAUMANN); 1883 (M. PISSARD); 1884 (M. SCHNEIDER); 1885 (M. PICARD); 1886 (M. COUTURIER); 1893 (M. CHAMBON).

1re Mention : 1880 (M. Louis CHARDINY); 1882 (M. Raphaël ROUGIER); 1883 (M. François DUMAZ); 1884 (M. MISSOL); 1885 (M. PRUDHOMME); 1886 (M. MOYNE); 1889 (M. JOSSERAND).

2e Mention : 1881 (M. Maurice COLIN); 1885 (M. DASSE).

3e Mention : 1881 (M. MONTAGNON); 1893 (M. CHAZLITE); 1898 (M. RAJON).

4e Mention : 1881 (M. Cyprien DUJARIER); 1889 (M. GUIFFON); 1892 (M. Philippe BONNECARRÈRE); 1893 (M. Georges BUIS).

5e Mention : 1881 (M. Camille MARTIN); 1888 (M. ANGLOIS); 1893 (M René GONNARD); 1896 (M. Albert VIALET).

6e Mention : 1891 (M. Eugène RUFFIER).

FACULTÉ DE DROIT DE LYON

EXTRAIT DU PROCÈS-VERBAL DE LA SÉANCE DU 31 JUILLET 1899

La Faculté de Droit de Lyon, après avoir entendu les rapports des diverses Commissions instituées, les 8, 13 et 15 juillet, pour juger les concours de l'année scolaire 1898-1899, a décerné, ainsi qu'il suit, les récompenses mises à sa disposition par l'État, par le Conseil général du département du Rhône, par la Société d'Économie politique et d'Économie sociale de Lyon, et par l'Association des anciens Étudiants en droit de l'Université de Lyon.

CONCOURS ENTRE LES DOCTEURS ET LES ASPIRANTS AU DOCTORAT

MÉDAILLES D'OR DONNÉES PAR L'ÉTAT

Les médailles ne sont pas décernées.

Des mentions honorables sont accordées:

Pour les sciences juridiques : à M. DE LEIRIS (Paul), né à Lyon (Rhône), le 16 mars 1874, receveur de l'Enregistrement au Châtelard (Savoie), aspirant au doctorat;

Pour les sciences politiques et économiques : à M. BIGALLET (Henri-Joseph-Antonin), né à Morestel (Isère), le 1er septembre 1873, docteur en droit.

PRIX DONNÉS PAR L'ASSOCIATION DES ANCIENS ÉTUDIANTS EN DROIT
DE L'UNIVERSITÉ DE LYON AUX ASPIRANTS AU DOCTORAT QUI ONT REMIS
AUX DIRECTEURS DES CONFÉRENCES LES MEILLEURS TRAVAUX

Sciences juridiques : M. COUDEYRETTE (Léon-Marie-Damien), né au Puy (Haute-Loire), le 2 novembre 1876; — et M. HUMBERT (Camille-Alfred-Edmond-Jean-Joseph-Marie), né à Lyon (Rhône), le 6 mars 1877.

Sciences politiques et économiques : M. JARAY (Joanny-Gabriel-Louis), né à Lyon (Rhône), le 25 avril 1878.

Mention honorable : M. RESSICAUD (Jean-Louis-Antoine), né à Caluire-et-Cuire (Rhône), le 12 avril 1877.

CONCOURS ENTRE LES ÉTUDIANTS DE TROISIÈME ANNÉE

MÉDAILLES DONNÉES PAR L'ÉTAT, PRIX DONNÉS PAR LE DÉPARTEMENT DU RHÔNE

Droit civil

1er Prix, médaille d'argent : M. LAFAY (Jean-Pierre-Wilhelm), né à Zurich (Suisse), le 20 février 1873.

2e Prix, médaille de bronze : M. PEY (Jules-Adrien-Joseph), né à Valence (Drôme), le 2 novembre 1879

1re Mention honorable : M. VUCHOY (Gaston-Joseph-Stephen), né à Dortan (Ain), le 9 mars 1877.

2e Mention honorable : M. DUMAS (Jean-Philippe), né à Lyon (Rhône), le 30 décembre 1877.

3e Mention honorable : M. PARET (Xavier-Raymond-Gustave), né à Trévoux (Ain), le 18 mai 1878.

4e Mention honorable : M. CHAPUIS (Léon-Auguste), né à Lyon (Rhône), le 7 février 1876.

5e Mention honorable : M. RONGIER (Henri-Claude-Auguste), né à Saint-Martin-du-Mont (Ain), le 13 janvier 1877.

Droit commercial

1er Prix, médaille d'argent : M. LAFAY (Wilhelm), déjà nommé.

2e Prix, médaille de bronze : M. CURTIL (Philippe-Narcisse), né à Montrevel (Ain), le 17 février 1879.

1re Mention honorable : M. JACQUIER (Paul-Maurice), né à Bordeaux (Gironde), le 26 mars 1879.

2e Mention honorable : M. VUCHOT (Gaston), déjà nommé.

3e Mention honorable : M. BONNIAUD (Léonard-Pierre-Lazare), né à Ciry-le-Noble (Saône-et-Loire), le 8 juillet 1878.

CONCOURS ENTRE LES ÉTUDIANTS DE DEUXIÈME ANNÉE

MÉDAILLES DONNÉES PAR L'ÉTAT, PRIX DONNÉS PAR LE DÉPARTEMENT DU RHÔNE

Droit civil

1er Prix, médaille d'argent : M. LAFONT (Marie-Auguste-Georges), né à
Privas (Ardèche), le 8 novembre 1876.

2e Prix, médaille de bronze : M. DULLIN (Jean-Baptiste-Albert), né à
Belley (Ain), le 3 juillet 1873.

1re Mention honorable, ex æquo : M. MARCOUX (Pierre), né à Saint-
Romain-le-Puy (Loire), le 29 janvier 1878, — et M. SAUZAY (Maurice),
né à Chalon-sur-Saône (Saône-et-Loire), le 15 septembre 1879.

2e Mention honorable : M. GIRARDIN (Alphonse-Eugène), né à Lyon
(Rhône), le 30 novembre 1879.

3e Mention honorable : M. APPLETON (François-Léon-Paul), né à Lyon
(Rhône), le 26 octobre 1878.

4e Mention honorable, ex æquo : M. DÁMEZ (Albert-Pierre-Étienne-Fleury),
né à Lyon (Rhône), le 24 février 1881, — et M. PATOUILLARD (Jacques-
Paul-Eugène), né à La Ricamarie (Loire), le 9 octobre 1878.

5e Mention honorable : M. LÉVY (Jacob-Georges), né à Saint-Étienne
(Loire), le 4 novembre 1880.

Droit criminel

1er Prix, médaille d'argent : M. MOREAU (Charles-Victor-Marie-François),
né à Moulins-Engilbert (Nièvre), le 2 mai 1878.

2e Prix, médaille de bronze : M. APPLETON (Paul), déjà nommé.

Mention honorable : M. JAY (François-Orélien), né à Lyon (Rhône), le
2 septembre 1878.

CONCOURS ENTRE LES ÉTUDIANTS DE PREMIÈRE ANNÉE

MÉDAILLES DONNÉES PAR L'ÉTAT, PRIX DONNÉS PAR LE DÉPARTEMENT
DU RHÔNE

Droit romain

La Faculté ne décerne ni prix, ni mentions honorables.

Histoire générale du Droit français

1er Prix, médaille d'argent : M. CHARVET (Anthelme-Louis), né à Lyon
(Rhône), le 13 avril 1881.

2ᵉ Prix, médaille de bronze : M. VIALATOUX (Joseph-Gabriel-Marie), né à Grézieu-la-Varenne (Rhône), le 2 juillet 1880,
Mention honorable : M. PASSENAUD (Joseph-Gabriel), né à Saint-Didier-sur-Rochefort (Loire), le 19 septembre 1880,

CONCOURS OUVERT PAR L'ASSOCIATION DES ANCIENS ÉTUDIANTS EN DROIT DE L'UNIVERSITÉ DE LYON ENTRE LES ÉTUDIANTS DE TROISIÈME ANNÉE SUR UN SUJET DE DROIT INTERNATIONAL PRIVÉ

Médaille de bronze : M. ROUGIER (Félix-Raphaël-Antoine), né à Lyon (Rhône), le 16 juin 1877,

CONCOURS ENTRE LES AUDITEURS DU COURS DE LÉGISLATION COLONIALE

MÉDAILLE DONNÉE PAR LA SOCIÉTÉ D'ÉCONOMIE POLITIQUE ET D'ÉCONOMIE SOCIALE DE LYON

Prix, médaille d'argent : M. JARAY, déjà nommé, aspirant au doctorat (sciences politiques et économiques).
Mention honorable : M. SAVIN (Philippe-Ernest), né à Villefranche (Rhône), le 21 janvier 1873, aspirant au doctorat (sciences juridiques).

CONCOURS ENTRE LES AUDITEURS DU COURS D'ÉCONOMIE POLITIQUE

MÉDAILLES ET PRIX DONNÉS PAR LA SOCIÉTÉ D'ÉCONOMIE POLITIQUE ET D'ÉCONOMIE SOCIALE DE LYON

1ᵉʳ Prix, médaille d'argent : non décerné.
2ᵉ Prix, médaille de bronze : M. NOIRCLERC (Jules-Jean-Armand-Maurice), né à Lyon (Rhône), le 8 octobre 1880.
1ʳᵉ Mention honorable : M. PASSENAUD, déjà nommé.
2ᵉ Mention honorable : M. PARIS (Jules-Marie-Victor), né à Lyon (Rhône), le 7 novembre 1878.

THÈSES POUR LE DOCTORAT
SOUTENUES DEVANT LA FACULTÉ DE DROIT DE LYON
PENDANT L'ANNÉE 1898-1899

I

M. GAUTHERON (Émile), né à Frangy (Saône-et-Loire), le 29 octobre 1871.

Le Logement de l'Ouvrier.

M. Émile GAUTHERON a été, le 29 octobre 1898, jugé digne du grade de docteur en droit, avec la note *Assez Bien.*

II

M. RÉGAUD (Francisque-Romain), né à Lyon (Rhône), le 5 septembre 1871, avocat à la Cour d'appel de Lyon.

Les Conseils de Prud'hommes ; Étude de législation ; Réformes.

M. Francisque REGAUD a été, le 31 octobre 1898, jugé digne du grade de docteur en droit (sciences politiques et économiques), avec trois boules blanches.

III

M. BIGALLET (Henri-Joseph-Antonin), né à Morestel (Isère), le 1er septembre 1873.

De l'Hérédité collatérale ; Réformes ; Résultats économiques et sociaux.

M. Henri BIGALLET a été, le 15 décembre 1898, jugé digne du grade de docteur en droit (sciences politiques et économiques), avec trois boules blanches et une mention spéciale d'*éloge.*

IV

M. Gonnard (Charles-René), né à Mâcon (Saône-et-Loire), le 10 mai 1871, docteur ès sciences économiques et politiques, licencié ès lettres, lauréat de la Faculté, de la Société d'Économie politique et du Concours général des Facultés de droit.

Essai sur l'évolution du droit romain au sujet du contrat en faveur de tiers.

M. René Gonnard, déjà docteur en droit avec la mention sciences politiques et économiques, a été, le 13 janvier 1899, jugé digne de la mention sciences juridiques, avec trois boules blanches.

V

M. Hertrich (Henri-Louis-Marie), né à Saint-Cyr-sur-le-Rhône (Rhône), le 28 juillet 1875, avocat à la Cour d'appel de Lyon, lauréat de la Faculté.

Les Théories monétaires au xive *siècle : Nicolas Oresme.*

M. Henri Hertrich a été, le 18 mars 1899, jugé digne du grade de docteur en droit, avec la note *Assez Bien.*

VI

M. Baby (Jean-Marie-Léon-Adolphe-Eutrope-Henri-Jules), né à Siguer (Ariège), le 30 janvier 1873, avocat près la Cour d'appel de Lyon.

De l'Intervention du défenseur dans la procédure pénale.

M. Jules Baby a été, le 20 mars 1899, jugé digne du grade de docteur en droit (sciences juridiques), avec la note *Assez Bien.*

VII

M. François (Charles-Constant), né à Millau (Aveyron), le 8 septembre 1872.

La Représentation des intérêts dans les corps élus.

M. Charles FRANÇOIS a été, le 26 avril 1899, jugé digne du grade de docteur en droit (sciences politiques et économiques), avec deux boules blanches et une boule rouge.

VIII

M. TERRAS (Jean-Baptiste-Antoine), né à Sainte-Foy-lès-Lyon (Rhône), le 8 juin 1874, lauréat de la Faculté, avocat à la Cour d'appel de Lyon.

Essai sur les Biens habous en Algérie et en Tunisie; Étude de législation coloniale.

M. Jean TERRAS a été, le 29 avril 1899, jugé digne du grade de docteur en droit (sciences politiques et économiques), avec trois boules blanches.

IX

M. GODART (Justin-François-Pierre Marie), né à Lyon (Rhône), le 26 novembre 1871.

L'ouvrier en soie; Monographie du tisseur lyonnais; Étude historique, économique et sociale. — Première partie : La Réglementation du travail (1466-1791).

M. Justin GODART a été, le 6 mai 1899, jugé digne du grade de docteur en droit (sciences politiques et économiques), avec trois boules blanches et mention spéciale d'*éloge*.

X

M. BIGALLET (Henri-Joseph-Antonin), né à Morestel (Isère), le 1er septembre 1873.

La Responsabilité du patron dans les accidents du travail et la législation française.

M. Henri BIGALLET, déjà docteur en droit avec la mention sciences politiques et économiques, a été, le 27 mai 1899, jugé digne de la mention sciences juridiques, avec trois boules blanches.

XI

M. Recorbet (Jean-Pierre-Edmond), né à Feurs (Loire), le 12 avril 1873,

Étude historique et législative du payement du salaire en nature.

M. Jean Recorbet a été, le 3 juin 1899, jugé digne du grade de docteur en droit (sciences politiques et économiques), avec la mention *Bien.*

XII

M. Escoffier (Marie-René-Amédée), né à Avignon (Vaucluse), le 28 juin 1873, avocat près la Cour d'appel de Lyon.

De l'Élément matériel dans la tentative.

M. Amédée Escoffier a été, le 10 juin 1899, jugé digne du grade de docteur (sciences juridiques), avec la mention *Bien.*

XIII

M. Daclin (Frédéric-Charles-François), né à Saint-Quentin-sur-Isère (Isère), le 19 août 1870.

La Libération conditionnelle; ses rapports avec le système des sentences indéterminées.

M. Charles Daclin a été, le 17 juin 1899, jugé digne du grade de docteur, avec la mention *Très Bien.*

XIV

M. Duport (François-Claude-Madeleine), né à Lyon (Rhône), le 8 août 1872, juge suppléant au Tribunal civil de Villefranche-sur-Saône.

La Publicité des décisions pénales.

M. François Duport a été, le 24 juin 1899, jugé digne du grade de docteur, avec la mention *Bien.*

XV

M. TERRIER (Louis-Claudius), né à Tenay (Ain), le 14 juin 1870, avocat à la Cour d'appel.

De l'Action paulienne en matière de partage ; explication de l'article 882 du Code civil.

M. Louis TERRIER a été, le 26 juin 1899, jugé digne du grade de docteur, avec la mention *Assez Bien.*

XVI

M. SARGNON (Michel-Jean-Émile), né à Lyon (Rhône), le 9 mars 1872.

Du Séquestre dans la pratique judiciaire.

M. Michel SARGNON a été, le 29 juin 1899, jugé digne du grade de docteur (deux boules blanches, une boule rouge).

XVII

M. JULLIEN (Jean-Joseph-Eugène), né à Fay-le-Froid, (Haute-Loire), le 12 juillet 1874, surnuméraire de l'enregistrement, lauréat de la Faculté.

Du Droit de transcription en matière de licitation.

M. Eugène JULLIEN a été, le 30 juin 1899, jugé digne du grade de docteur (sciences juridiques), avec trois boules blanches.

XVIII

M. AVOND (Louis-Albert), né à Saint-Péray (Ardèche), le 10 juin 1872.

La Part de fondateur.

M. Louis-AVOND a été, le 1er juillet 1899, jugé digne du grade de docteur (sciences juridiques), avec la note *Assez Bien*

XIX

M. Verdalle (Pierre-Simon-Charles), né à Valence (Drôme), le 17 juillet 1872, juge suppléant au Tribunal civil de Bourg. *De la Tradition en droit français.*

M. Charles Verdalle a été, le 3 juillet 1899, jugé digne du grade de docteur, avec la note *Bien.*

XX

M. Compayré (Pierre-Edmond-Clément-Georges), né à Toulouse (Haute-Garonne), le 14 août 1871.

Des Juridictions universitaires ; composition ; attributions contentieuses.

M. Georges Compayré a été, le 6 juillet 1899, jugé digne du grade de docteur en droit (sciences juridiques), avec trois boules blanches et mention spéciale d'*éloge.*

XXI

M. Thuillier (Paul-Jean-Baptiste), né à Nolay (Côte-d'Or), le 2 février 1872.

Le Désarmement et ses conséquences économiques.

M. Paul Thuillier a, le 8 juillet 1899, soutenu cette thèse pour le doctorat (sciences politiques et économiques).

XXII

M. Bruyas (Nicolas-Marie-Joseph), né à Lyon (Rhône), le 2 juin 1872, lauréat de la Faculté, avocat près la Cour d'appel de Lyon.

De la Déclaration de guerre ; sa justification ; ses formes extérieures.

M. Nicolas Bruyas a été, le 22 juillet 1899, jugé digne du grade de docteur (sciences politiques et économiques), avec la mention *Bien.*

RÉCAPITULATION

Les vingt-deux aspirants au doctorat qui ont soutenu des thèses se répartissent ainsi :

Sept aspirants au diplôme sans mention (ancien régime) : MM. Daclin, Duport, Gautheron, Hertrich, Sargnon, Terrier, Verdalle;

Cinq aspirants au diplôme avec la mention « sciences juridiques » : MM. Avond, Baby, Compayré, Escoffier, Jullien;

Huit aspirants au diplôme avec la mention « sciences politiques et économiques » : MM. Bigallet, Bruyas, François, Godart, Récorbet, Regaud, Terras, Thuillier;

Deux docteurs, pourvus du diplôme avec la mention « sciences politiques et économiques », et aspirant à la mention « sciences juridiques » : MM. Bigallet, Gonnard.

PUBLICATIONS

DES PROFESSEURS DE LA FACULTÉ DE DROIT DE LYON

PENDANT L'ANNÉE 1898-1899

M. CAILLEMER, doyen.

1. *Notice biographique sur M. Adrien Loir* ; Lyon, 1899, in-8°, 8 pages; première édition, extraite du *Bulletin de la Société des Amis de l'Université ;* deuxième édition, extraite des Mémoires · de l'Académie des Sciences, Belles-Lettres et Arts de Lyon.
2. *Dictionnaire des Antiquités grecques et romaines*, fascicule 27, 1899, article KATALOGEIS, p, 806 et suivantes.

M. GARRAUD, professeur.

Traité théorique et pratique du Droit pénal français ; deuxième édition, t, III, Paris, 1899, 725 pages.

M. ROUGIER, professeur.

1. *Le Budget colonial de la France ;* in-8°, 47 p. ; extrait du compte rendu annuel de la Société d'Économie politique de Lyon, 1899.
2. *Documents inédits sur une mission spéciale remplie à Lyon auprès du Premier Consul, les 26 nivôse et 2 pluviôse an X, par des délégués de Bordeaux ;* in-8°, 16 p. ; extrait des Mémoires de l'Académie de Lyon.
3. *De l'attribution aux Sociétés de secours mutuels d'une part dans le produit· des successions vacantes* (*Mutualiste Lyonnais* du 25 décembre 1898).
4. *Le livret individuel de pension de retraite dans les Sociétés de secours mutuels* (*Mutualiste Lyonnais* des 25 mars et 10 avril 1899).
5. *La participation de l'ouvrier et de l'employé aux bénéfices de l'entreprise* (*Mutualiste Lyonnais* des 10 juin, 10 et 25 juillet 1899).

M. PIC, professeur.

1. *Rapport présenté au Conseil de l'Université de Lyon au nom de la Commission chargée d'étudier l'organisation d'une section d'études coloniales (ou École de commerce coloniale)*; Lyon, 1899, in-8°.
2. *Chronique de législation industrielle*, dans les *Annales de droit commercial et industriel*, 1899, p. 53 et suivantes.
3. Annotations d'arrêts dans la *Jurisprudence générale* de Dalloz, recueil périodique : D.P. 1898, 2,481, et 2,521 ; 1899, 2,201, et 2,409.

M. BARTIN, professeur.

1. *Études de Droit international privé*; Paris, 1899, in-8°, III — 285 pages.
2. Théorie du renvoi ; note sous un jugement du Tribunal de Dieppe du 2 avril 1896 (Dalloz, *Jurisprudence générale*, D. P., 1898, 2, p. 283 et suivantes).

M. SOUCHON professeur.

La propriété paysanne ; étude d'économie rurale; Paris, 1899, in-8°, VIII-257 pages.

M. Jean APPLETON, professeur.

Annotations d'arrêts dans le *Recueil périodique* de la *Jurisprudence générale* de Dalloz : 1899, 2, 217 ; 1899, 1, 283 ; 1899, 1, 289 ; 1899, 2, 289 ; 1899, 2, 393 ; 1899, 2, 403 ; 1899, 2, 417 ; 1899, 2, 455 ; 1899, 2, 456.

M. Émile BOUVIER, agrégé.

1. Faculté de droit ; *Rapport sur les Concours de l'année 1897-1898*; Lyon, 1899, in-8°.
2. *La Délimitation du domaine public fluvial et la loi du 8 avril 1898*; Paris, 1899, in-8°, 36 pages (extrait de la *Revue critique de législation et de jurisprudence*).
3. Notes de Jurisprudence dans le *Recueil périodique* des *Pandectes françaises (Partie administrative)*.

M. Charles BROUILHET, agrégé.

1. *La Responsabilité en matière d'accidents du travail* (article publié dans le journal *La-Foi et la Vie*).

2. *La Réglementation du travail des femmes et des enfants dans les manufactures (Id.)*
3. *Manuel pratique de Crédit agricole;* 1 vol. in-18, en collaboration avec M. G. Maurin.
4. *Le Nouveau Régime de la Banque de France (Loi du 17 novembre 1897);* Paris, 1899, in-8°, 11 pages (extrait de la *Revue d'Économie politique,* 1899).

M. P. HUVELIN, agrégé.

Les Courriers des foires de Champagne; 1899, in-8° (extrait des *Annales de droit commercial).*

M. GUERNIER, chargé de cours,

Une Crise agraire dans les Hautes Terres de l'Écosse; conférence faite le 11 janvier 1899 devant la Société des Amis de l'Université de Lyon; Lyon, 1899, in-8°, 14 pages (Cf. *Bulletin de la Société des Amis de l'Université de Lyon).*

RAPPORT

DE

M. LORTET

DOYEN DE LA FACULTÉ DE MÉDECINE ET DE PHARMACIE

SUR LES TRAVAUX DE CETTE FACULTÉ

PENDANT L'ANNÉE SCOLAIRE 1898-1899

MESSIEURS,

L'année scolaire qui vient de s'écouler ne s'est point terminée dans la paix et le calme comme les années précédentes. La malheureuse affaire, qui, depuis si longtemps, a jeté le trouble et la désunion dans notre pays, a eu une répercussion fâcheuse dans notre Faculté. Un certain nombre de nos étudiants, obéissant très certainement aux excitations du dehors, sont venus apporter dans un cours paisible auparavant un écho des manifestations bruyantes de la rue. Nos élèves se sont livrés vis-à-vis de certains de leurs camarades à des actes de violence des plus regrettables, et se sont permis même de blâmer d'une façon absolument répréhensible la conduite et les opinions d'un de leurs professeurs. A la suite de ces incidents malheureux, un cours a dû être suspendu pendant quelques jours, et quatre élèves, traduits devant le Conseil de discipline, ont été frappés de la pénalité de la réprimande par le Conseil de l'Université.

Cette effervescence passagère s'est heureusement calmée rapidement. Aussi avons-nous la ferme conviction que, l'année prochaine, nos élèves reprendront vis-à-vis de tous leurs professeurs ainsi que de leurs camarades, civils ou militaires, la bonne tenue qui les a honorés jusqu'à ce jour et qui est le meilleur gage des bons rapports, de la sympathie, je dirai même de l'affection sincère, qui n'ont jamais cessé de régner entre les maîtres dévoués et les étudiants laborieux.

L'achèvement de notre grandiose Institut de chimie a permis de transporter dans de nouveaux et vastes laboratoires les deux services de chimie qui occupaient dans les bâtiments de la Faculté de Médecine des salles d'une étendue considérable. Ces locaux, restés libres aujourd'hui, vont donc permettre d'organiser d'une façon convenable des services absolument déshérités jusqu'à ce jour ou logés beaucoup trop à l'étroit. Le premier étage de l'aile sud de la section B, occupé précédemment par M. le professeur Hugounenq, va recevoir les installations nécessitées par l'enseignement pratique de l'hygiène. M. le professeur Bard aura à sa disposition des laboratoires parfaitement agencés où maîtres et élèves pourront exécuter les recherches de toute nature qui s'imposent actuellement. Un musée renfermant de nombreux appareils servira aux démonstrations; une écurie pour de petits animaux complétera l'organisation d'un service que nous réclamions en vain depuis tant d'années, d'une utilité, d'une importance de premier ordre, et qui, je dois l'avouer, était à peu près nul à la Faculté, où notre maître et collègue Rollet, l'hygiéniste éminent qui a laissé un si grand nom dans la science, était obligé de se contenter de deux modestes cabinets dans lesquels cinq ou six élèves à peine pouvaient trouver la place nécessaire.

Les locaux du rez-de-chaussée de la même aile, occupés précédemment par M. le professeur Cazeneuve, donneront asile, à l'extrémité est, à la pathologie générale et à la thérapeutique, tandis que l'extrémité ouest sera transformée en salle de cours destinée aux élèves pharmaciens, l'auditorium actuel du professeur Crolas étant transformé en salle de travaux pratiques. Cet agrandissement est absolument nécessaire à cause du nombre considérable d'élèves en pharmacie qui ne peuvent suivre les exercices réglementaires faute d'espace.

Les cabinets laissés libres par la thérapeutique et la pathologie générale seront annexés au service de la physiologie logé beaucoup trop à l'étroit ; tandis que les petites pièces occupées actuellement par l'hygiène serviront au professeur de médecine comparée, M. Arloing, à installer momentanément une partie du service antirabique que l'Administration municipale vient de confier à la Faculté de Médecine.

Je dis, Messieurs, que cette installation du service antirabique ne sera que provisoire ; car M. le Maire de Lyon est tout à fait décidé à élever, dans le voisinage

immédiat de la Faculté de Médecine, un bâtiment
construit pour répondre à des exigences spéciales, un
véritable Institut Pasteur, qui renfermerait non seulement le service antirabique, mais qui, de plus, dans
des laboratoires organisés en vue de certaines recherches, pourrait donner les indications les plus précieuses
et les plus exactes à certaines de nos industries importantes, celle des soies ou celle des cuirs par exemple.

Cet Institut, une fois construit, pourra très certainement se suffire à lui-même ; car tous les départements circonvoisins ainsi qu'un grand nombre de
communes ont promis au futur établissement les
sommes plus ou moins importantes que les Conseils
généraux ou les Conseils municipaux consacrent
chaque année à l'envoi et à l'entretien des malades
enragés confiés à l'Institut Pasteur de Paris. Nous
avons l'assurance que l'année ne se terminera pas
sans qu'une décision ferme de notre municipalité ne
vienne enrichir notre Université d'une institution des
plus utiles au point de vue de la guérison des rabiques
si nombreux dans notre région, mais, de plus, nécessaire aussi afin de compléter dignement l'instruction
scientifique de nos élèves.

. Les cours et conférences institués par le Conseil de
l'Université ont été très appréciés par les élèves ; aussi
le grand nombre d'auditeurs qui les ont régulièrement
suivis a prouvé à tous l'utilité de ces créations. Les
conférences de propédeutique médicale et chirurgicale
de MM. Roque et Gangolphe ont surtout donné les
meilleurs résultats en initiant les élèves de première

année aux éléments de la médecine et de la chirurgie
et leur permettant ainsi de suivre avec fruit les différentes cliniques hospitalières.

Cette année, beaucoup de nos laboratoires ont pu
être mieux dotés en matériel et en personnel ; aussi les
travaux pratiques ont-ils pu, pour la première fois,
depuis bien des années, être exécutés d'une façon
convenable et sortir du domaine de l'illusion pour
devenir vraiment sérieux et utiles.

Malheureusement, malgré tous nos efforts, malgré
les instances de M. le Ministre et l'intervention bienveillante de M. le Préfet du Rhône, l'Administration
hospitalière a refusé jusqu'à nouvel ordre la création
d'une troisième clinique médicale à l'hôpital Saint-
Pothin. Nous ne pouvons que regretter très vivement
cette décision malheureuse qui prive la Faculté d'un
moyen d'action si désirable, si nécessaire, et qui aurait
donné les meilleurs profits au point de vue de l'instruction pratique, de plus en plus sérieuse, qui s'impose
aujourd'hui à tout médecin digne de ce nom.

Le système des prix, institués à la Faculté de médecine par de très anciens arrêtés ministériels, ne donnait
à peu près aucun résultat, à cause du peu d'empressement des élèves à concourir pour des récompenses
auxquelles la plupart et les meilleurs d'entre eux
paraissaient attacher une très minime valeur. Sur la
proposition du Conseil de la Faculté, M. le Ministre
nous a permis de transformer les sommes consacrées à
ces prix en bourses de voyage attribuées à deux élèves
en médecine ou en pharmacie à la suite d'un simple

concours sur titres et d'une enquête très sérieuse sur les mérites et les connaissances linguistiques des différents candidats inscrits. Ces deux boursiers ont été chargés d'une véritable mission à l'étranger, à la suite de laquelle ils doivent remettre au Conseil un rapport spécial sur certaines questions qu'ils ont été chargés d'étudier. La Faculté espère obtenir les meilleurs résultats de cette nouvelle manière de récompenser les élèves les plus méritants.

Cette année, M. le Ministre a cru devoir confier, nous ne savons pour quelles raisons, les examens de la Faculté de Beyrouth à un jury pris dans d'autres Facultés que la nôtre. Un professeur de Bordeaux et deux des plus jeunes des agrégés de Paris ont été envoyés en Syrie pour y faire passer les examens avec le concours de deux médecins militaires turcs des hôpitaux de Beyrouth. Nous ne saurions trop déplorer une pareille mesure que ne méritait certainement pas la Faculté de médecine de Lyon, qui, pendant plus de dix ans, a fait les plus grands efforts pour aider au développement de l'école beyrouthaine. Il nous semble aussi que c'est une chose fâcheuse de changer chaque année les hommes chargés d'inspecter sérieusement une École très largement subventionnée par l'État. Comment donc, dans de pareilles conditions, le gouvernement pourra-t-il constater le bon usage qu'on a fait de ses deniers, indiquer les améliorations nécessaires et constater les progrès accomplis ? Nous espérons que M. le Ministre voudra bien revenir au système qui avait jusqu'à ce jour donné les meilleurs résultats, et

que, pour le plus grand bien de notre influence française
en Orient, il voudra, à l'avenir, confier d'une façon
définitive l'inspection de l'École de Beyrouth à la
Faculté de Lyon, ville qui depuis tant de siècles a les
intérêts les plus importants dans la Syrie proprement
dite et surtout dans la région du Liban.

INSCRIPTIONS ET EXAMENS

Le nombre total des inscriptions prises pendant
l'année scolaire 1898-1899 a été de 2.977, dont 2.270
pour la médecine et 707 pour la pharmacie. C'est une
diminution de 133, dont 85 pour la médecine et 18 pour
la pharmacie.

Le nombre des élèves ayant pris des inscriptions est
plus élevé que celui de l'année scolaire précédente,
malgré le nombre inférieur à celui de l'an dernier des
inscriptions prises. Cette disproportion paraît tenir à
deux causes : d'une part, beaucoup d'étudiants de
l'ancien régime n'avaient plus à prendre, cette année,
qu'une ou deux inscriptions; de l'autre, le nombre
considérable des ajournements à l'examen d'anatomie,
suspendant le cours de la scolarité, a empêché beaucoup d'élèves du nouveau régime de prendre les
inscriptions réglementaires.

Les examens subis par les officiers de santé sont au
nombre de 3. C'est une diminution de 2 sur le chiffre
de l'année précédente.

Les examens de fin d'études ont atteint le nombre
de 1.791 pour la médecine et de 267 pour la pharmacie,

soit une augmentation de 183 pour la médecine et de 23 pour la pharmacie.

Les thèses soutenues pour l'obtention du doctorat de l'État ont atteint le nombre de 186, soit une augmentation de 19. Il n'y a pas eu de thèse en pharmacie.

En récapitulant ces nombres, on arrive aux résultats suivants :

1° Élèves ayant pris des inscriptions, 817, soit une augmentation de 14 ;

2° Élèves ayant toutes leurs inscriptions et en cours d'examens probatoires, 505, soit une augmentation de 99 ;

3° Élèves inscrits à la Faculté et dont la scolarité régulière a été interrompue pour divers motifs : concours pour l'externat ou l'internat des hôpitaux, service militaire, etc., 188, soit une diminution de 104.

Le nombre total des élèves, correspondant à une liste nominative, est donc de 1.510, soit 1.224 pour la médecine et 286 pour la pharmacie. C'est une augmentation de 16 pour la médecine et une diminution de 7 pour la pharmacie.

MÉDECINE

INSCRIPTIONS ET EXAMENS PENDANT L'ANNÉE SCOLAIRE 1898-1899

Inscriptions { Doctorat { Nouveau régime 1.628 / Ancien régime . 634 } 2.262 / Officiat. . . . . 8 } 2.270

EXAMENS	NOMBRE	ADMISSIONS	PROPORTION POUR CENT	AJOURNEMENTS	PROPORTION POUR CENT
DOCTORAT					
1er Ex. de fin d'études (nouveau régime)	216	152	61,78	94	38,21
1er — — (ancien régime)	4	1	25 »	3	75 »
2e — — (nouveau régime)	156	124	79,48	32	20,51
2e — — (ancien régime)	169	103	60,94	66	39,05
3e — — (nouveau régime)	51	44	86,27	7	13,72
3e — — (ancien régime)	486	394	81,06	92	18,93
4e — — (nouveau régime)	16	16	100 »	»	»
4e — — (ancien régime)	230	208	90,43	22	9,56
5e — — (nouveau régime)	10	10	100 »	»	»
5e — — (ancien régime)	421	396	94,06	25	5,93
Thèse	186	186	100	»	»
Diplôme.	186	186	100	»	»
OFFICIAT					
1er Examen de fin d'année .	»	1	» »	»	»
2e — — — .	»	1	» »	»	»
3e — — — .	1	1	100 »	»	»
1er — de fin d'études .	1	1	100 »	»	»
2e — — — .	1	»	» »	1	100
3e — — — .	»	»	» »	»	»
Diplôme.	»	»	» »	»	»
SAGES-FEMMES (Première Classe)					
1er Examen	3	3	100 »	»	»
2e —	7	6	85,71	1	14,28
Certificat d'aptitude . . .	6	6	100 »	»	»
SAGES-FEMMES (Deuxième Classe)					
1er Examen	17	17	100 »	»	»
2e —	18	17	94,44	1	5,55
Certificat d'aptitude . . .	17	17	100 »	»	»

PHARMACIE

INSCRIPTIONS ET EXAMENS PENDANT L'ANNÉE SCOLAIRE 1898-1899

Inscriptions $\begin{cases} \text{Élèves de 1}^{\text{re}} \text{ classe.} \dots \dots 429 \\ \text{Élèves de 2}^{\text{e}} \text{ classe.} \dots \dots 278 \end{cases} 707$

EXAMENS	NOMBRE	ADMISSIONS	PROPORTION POUR CENT	AJOURNE-MENTS	PROPORTION POUR CENT
PHARMACIENS de Première Classe (Diplôme supérieur)					
Examen	»	»	»	»	»
Thèse	»	»	»	»	»
Diplôme	»	»	»	»	»
PHARMACIENS de Première Classe					
Examen de validation de stage	26	23	88,46	3	11,53
1er Examen de fin d'année	31	21	67,74	10	32,25
2e — — —	40	31	77,50	9	22,50
Examen semestriel	54	48	88,88	6	11,11
1er Examen de fin d'études.	66	47	71,21	19	28,78
2e — — —	46	39	84,78	7	15.21
3e — — —	83	80	96,38	3	3,61
Diplôme	40	40	100 »	»	»
PHARMACIENS de Deuxième Classe					
Examen de validation de stage	19	17	89,47	2	10,52
1er Examen de fin d'année	31	15	48,38	16	51,61
2e — —	21	19	90,47	2	9,52
1er — de fin d'études.	31	17	54,83	14	45,16
2e — — —	20	15	75 »	5	25 »
3e — — —	21	21	100 »	»	»
Diplôme	11	11	100 »	»	»
HERBORISTES de Première Classe					
Examen unique	6	3	50 »	3	50 »
Certificat d'aptitude	3	3	100 »	»	»
HERBORISTES de Deuxième Classe					
Examen unique	»	»	»	»	»
Certificat d'aptitude	»	»	»	»	»

TABLEAU RÉSUMÉ DES EXAMENS

NATURE DES EXAMENS	NOMBRE	ADMISSIONS	PROPORTION POUR CENT	AJOURNE-MENTS	PROPORTION POUR CENT
MÉDECINE					
Examens de fin d'année. .	1	1	100 »	»	»
— — d'études.	1791	1449	80,90	312	19,09
Thèses	186	186	100 »	»	»
Diplômes	186	186	100 »	»	»
SAGES-FEMMES					
Examens.	45	43	95,55	2	4,44
Certificats d'aptitude . . .	23	23	100 »	»	»
PHARMACIE					
Examens de validat. de stage	45	40	88,88	5	11,11
— de fin d'année ou semest.	177	134	75,70	43	21,29
— de fin d'études. . . .	267	219	82,02	48	17,97
Thèses	»	»	» »	»	»
Diplômes	51	51	100 »	»	»
HERBORISTES					
Examens.	6	3	50 »	3	50 »
Certificats d'aptitude . . .	3	3	100 »	»	»

Nombre total des inscriptions. . . { Médecine . . . 2.270
Pharmacie. . . 707

Total 2.977

Élèves ayant pris des inscriptions 817

Élèves en cours d'examens probatoires 505

Élèves inscrits dont la scolarité a été interrompue. 188

Nombre total des élèves inscrits 1.510

CONCOURS

Concours pour une place de suppléant des Chaires d'anatomie et de physiologie à l'École de médecine de Grenoble.

Deux candidats.

M. Zipfel, nommé.

PUBLICATIONS

DES PROFESSEURS ET DES AGRÉGÉS DE LA FACULTÉ MIXTE
DE MÉDECINE ET DE PHARMACIE DE LYON
PENDANT L'ANNÉE 1898-1899

M. ARLOING, professeur.

1. *Influence de la voie d'introduction sur le développement des effets thérapeutiques du sérum antidiphtérique (Comptes rendus de l'Académie des Sciences,* juin 1899).
2. *Étude sur le sérum antidiphtérique et son action antitoxique* (Mémoire in *Archives internationales de pharmacodynamie,* 1899).
3. *Des qualités préventives du sérum sanguin d'une génisse immunisée contre la péripneumonie contagieuse des bovidés (Comptes rendus de l'Académie des Sciences,* octobre 1899).
4. *Essai expérimental sur un antagonisme signalé par quelques pathologistes entre la fièvre typhoïde et la tuberculose* (en collaboration avec M. Dumarest), in *Société de biologie,* octobre 1899.
5. *Quelques considérations théoriques et pratiques sur des reproches adressés à la vaccination contre le charbon symptomatique (Journal de Médecine vétérinaire de Lyon,* octobre 1899).
6. *Sur le mécanisme de l'agglutination des microbes par des sérums normaux ou immunisés* (in volume du Cinquantenaire de la *Société de biologie,* décembre 1899).
7. *Effets de la section du* sphincter ani *sur le rôle, les propriétés physiologiques et anatomiques de ce muscle et sur l'organisme en général* (en collaboration avec le Dr Ed. Chantre), in *Comptes rendus de l'Académie des Sciences,* novembre 1898.
8. *Étude sur la toxicité de la sueur* (Mémoire in *Journal de physiologie et de pathologie générale,* mars 1899).

M. BARD, professeur.

1. *Précis d'anatomie pathologique,* 2e édition, 1899.
2. *La spécificité cellulaire: ses conséquences en biologie générale* (Collection *Scientia,* 1899).
3. *Des dangers des lampes fumivores dites hygiéniques; Revue d'hygiène,* 1899, p. 982.
4. *De l'existence d'un type périphérique de la forme tardive de la maladie bleue (Lyon médical.* 1899. III. p. 321).

M. FOCHIER, professeur.

1. *De l'incision prématurée du col pendant l'accouchement chez les primipares.*
2. *Classification des rétrécissements du détroit supérieur.*
    Publiés dans le *Bulletin de la Société obstétricale de France.*

M. HUGOUNENQ, professeur.

1. *Recherche sur la statique des éléments minéraux et particulièrement du fer chez le fœtus humain et l'enfant nouveau-né* (Comptes rendus de l'Académie des Sciences, 24 avril 1899).
2. *La composition minérale de l'enfant nouveau-né et la loi de Bunge* (Comptes rendus de l'Académie des Sciences, 5 juin 1899).
3. *Recherches sur la composition minérale de l'organisme chez le fœtus humain et l'enfant nouveau-né; l'ensemble du squelette, le fer et le dosage du fer* (Journal de Physiologie et de Pathologie générale, n° 4, 4 juillet 1899).
4. *Recherches sur la désintégration du tissu hépatique dans le foie séparé de l'organisme* (en collaboration avec M. Doyon), *in Journal de Physiologie et de Pathologie générale,* n° 5, septembre 1899.

M. LACASSAGNE, professeur

1. *Vacher l'éventreur et les crimes sadiques* (un volume, 314 pages, Storck, 1899).
2. En collaboration avec M. Étienne Martin : *De la docimasie hépatique* (Archives d'Anthropologie criminelle, janvier 1899).
    Sur les causes et les variations de la rigidité cadavérique, mai 1899; Note à l'Académie des Sciences.
3. M. ÉTIENNE MARTIN : *Le facies sympathique des pendus* (Archives d'Anthropologie, mars 1899). — *Décubitus et rigidité cadavérique* (Archives d'Anthropologie, juillet 1899).
4. En collaboration avec M. H. Chartier : *Chaussier et les antécédents parlementaires de la loi Cruppi sur la réforme des expertises médico-légales* (Archives d'Anthropologie, septembre 1899).

Thèses :

1. Dr Louis BENOIT. — *Contribution à l'étude des amnésies traumatiques au point de vue clinique et médico-légal.*
2. Dr Jean GIMAZANE. — *Des fractures de la trachée; étude clinique et médico-légale.*
3. Dr DUPUICH. — *Les maladies traumatiques du cœur.*
4. Dr René GUÉNICOLAS. — *De l'hermaphrodisme vrai chez l'homme et les animaux supérieurs.*
5. Dr DUGUET. — *Contribution à l'étude de la peur et des phobies.*
6. Dr Étienne MARTIN. — *Décubitus et Rigidité cadavérique.*

M. LAROYENNE, professeur.

1. *A propos des indications de la pâte de chlorure de zinc dans quelques affections utérines* (*Lyon médical*, 19 mars 1899).
2. *Pessaire en forme de gimblette brisée* (*Lyon médical*, 26 mars 1899).
3. *Traitement opératoire de la cystocèle vaginale par un procédé spécial de cysto-hystéropexie* (*Congrès international de gynécologie et d'obstétrique*, Amsterdam, 1897).

M. LÉPINE, professeur.

1. *Le diabète et son traitement*, Paris, J.-B. Baillière, 1899.
2. *Sur l'exaltation des propriétés des organes par le chauffage* (*C. R. de la Société de Biologie*, 1899, 20 mai, p. 399).
3. *De la participation du pancréas à la thermogenèse consécutive aux lésions cérébrales, etc.* (*id.*, 28 octobre, p. 835).
4. *Sur un cas de paralysie glossolabiée avec lésions unilatérales* (*Revue de médecine*, 1899, p. 559).
5. *Deux cas d'hépatisation dite centrale* (*id., id.*, p. 101).
6. *Les grandes altitudes ont-elles une utilité thérapeutique?* (*Semaine médicale*, 1899, p. 161).
7. *Sur un cas de rétention d'urine* (*Lyon médical*, tome LXXXIX, p. 411).
8. *Sur la rigidité musculaire de Thomsen dans l'amyotrophie* (*id., id.*, p. 412).
9. *Rétrécissement mitral et insuffisance aortique* (*id., id.*, p. 552).
10. *Maladies du cœur et grossesse* (*id., id.*, p. 553).
11. *Dextrocardie* (*Lyon médical*, tome XC, p. 165, et *Mémoires de la Société médicale des Hôpitaux de Paris*, 19 mai).
12. *Sur la nature de la sécrétion interne du pancréas* (*Lyon médical*, XC, p. 537).
13. *Sur l'anémie pernicieuse* (*id.*, XCI, p. 517).
14. (En commun avec M. Martz) *De l'action favorisante exercée par le pancréas sur la fermentation alcoolique* (*C. R. de l'Académie des Sciences*, 10 avril 1899).
15. *Action de l'alcoolase* (*Archives de pharmacodynamie*, tome VI, p. 99).
16. (En commun avec M. Lyonnet) *Sur la toxine typhique* (avec 6 planches) (*Revue de médecine*, 1898, novembre).
17. *Sur la broncho-pneumonie typhique* (*C. R. de la Société de Biologie*, juillet 1899, p. 585, et *Archives de médecine expérimentale* (avec deux planches), 1899, septembre, p. 519).

M. MONOYER, professeur.

1. *Radiophotographie* (*Société de Médecine de Lyon*, mai 1899).
2. *Théorie de la vision binoculaire stéréoscopique et pseudoscopique* (*Société de Médecine de Lyon*, juin 1899).

M. OLLIER, professeur.

1. *Nouveaux faits relatifs à la résection sous-périostée du coude; Autopsie d'un coude réséqué totalement depuis vingt-huit ans et reconstitué en une néarthrose solide et énergiquement mobile ayant tous les caractères d'un ginglyme parfait (Comptes rendus de l'Académie des Sciences, séance du 6 février 1899).*

2. *Du traitement des arthralgies anciennes et rebelles par la résection des extrémités articulaires; Des circonstances qui légitiment cette intervention (Société de Chirurgie de Lyon).*

3. *De la création d'une néarthrose cléido-humérale ou de l'établissement d'une articulation régulière entre la clavicule et l'humérus pour fixer le membre supérieur resté flottant à la suite de la perte irréparable de l'omoplate et de la tête humérale (Revue de chirurgie, 10 juillet 1899).*

M. Antonin PONCET, professeur.

1. *Traité clinique de l'actinomycose humaine* (en collaboration avec M. Léon Bérard, agrégé); Ouvrage couronné par l'Institut (Prix Montyon de Médecine et de Chirurgie), et par l'Académie de médecine (Prix Laborie).

2. *Traité de la cystotomie sus-pubienne chez les prostatiques* (en collaboration avec le Dr X. Delore, chef de clinique chirurgicale): Ouvrage couronné par l'Académie de Médecine (Prix d'Argenteuil).

3. *Maladies et Tumeurs des os,* dans la dernière édition du *Traité de Chirurgie.*

4. *La Chirurgie à ciel ouvert;* discours prononcé comme président du XIIIe Congrès français de Chirurgie.

5. *Traité de l'uréthrotomie périnéale dans les rétrécissements incurables de l'urèthre* (en collaboration avec M. le Dr X. Delore, chef de Clinique chirurgicale).

6. *De la Botryomycose transmise* (en collaboration avec le Dr L. Dor) *in Archiv. génér. de Méd.,* 1900.

M. J. RENAUT, professeur.

1. *Traité d'Histologie pratique,* t. II, fasc. 2me, un volume de 1.200 pages grand in-8°, avec 394 figures intercalées dans le texte.

    Ce volume termine le *Traité d'Histologie pratique.*

2. *Les Injections rectales de liqueur de Fowler diluée et le Cacodylate de sodium* (Communication faite à l'Académie de Médecine le 30 mai 1899).

3. *Les Myocardites aiguës* (Rapport fait sur la question au Congrès de Médecine de Lille, 28 juillet, 5 août 1899).

M. SOULIER, professeur.

1. *La Faculté française de Médecine de Beyrouth (Lyon Médical,*
   t. LXXXVIII, p. 312).
2. *Réaction défensive et son schéma (Id., t. XC, p. 253).*
3. *Le frottement rythmique de deux surfaces peut engendrer un*
   souffle; frottement périodique et souffles cardiaques anorga-
   niques (Id., ibid., p. 611).
4. *Souffles cardiaques par lésions artificielles (Id., t. XCI, p. 287).*
5. *Élasticité diastolique et artérielle; séméiologie cardiaque; action*
   de la digitale sur l'élasticité cardiaque (Id., ibid., p. 503).
6. *Hyperthermie apyrétique corrélative avec état narcolepsique (Id.,*
   XCIII, p. 5).

En collaboration avec M. GUINARD :

7. *Effets excito-moteurs et convulsivants de la cocaïne (Lyon Médical,*
   t. LXXXVIII, p. 465).
8. *Sur l'Orthoforme (Id., ibid., p. 516).*
9. *Chlorhydrate d'orthoforme (Id., t. LXXXIX, p. 541).*
10. *Étude pharmacodynamique de l'orthoforme (Arch. Internationales*
    de pharmacodynamie, t. VI, p. 1).

M. Étienne BARRAL, agrégé.

1. *Chloruration du carbonate de phényle (Bulletin de la Société*
   Chimique de Paris, 1899).
2. *Nouveau procédé de préparation des éthers carboniques mixtes de*
   la série grasse et de la série aromatique (Bull. Soc. Chimique,
   1899).
3. *Présence du mercure dans un minerai de fer du Caucase (Bull.*
   Soc. Chimique, 1899).
4. *Sur la chloruration du phénol en présence de l'iode (Bull. Soc.*
   Chimique, 1899).
5. *Sur la préparation des chlorocarbonates phénoliques (Comptes*
   rendus Académie des Sciences, 26 juin 1899 ; Bull. Soc. Chi-
   mique) (en collaboration avec M. A. Morel).
6. *Sur quelques chlorocarbonates phénoliques (Bull. Soc. Chimique,*
   1899) (en collaboration avec M. Morel).

M. L. BÉRARD, agrégé.

1. *Occlusion intestinale par le diverticule de Meckel (en collabora-*
   tion avec M. Delore), in Revue de Chirurgie, avril, juin 1899.
2. *Tumeurs des os; Rapport au Congrès français de Chirurgie sur*
   la deuxième question proposée (en collaboration avec M. le
   professeur Pollosson), Paris, octobre 1899.

3. *Occlusion de l'intestin par torsion du mésentère* (en collaboration avec M. Delore), in *Congrès français de Chirurgie*, octobre 1899.

4. *De la forme ganglionnaire du cancer du pharynx* (en collaboration avec M. le professeur Poncet), in *Congrès français de Chirurgie*, octobre 1899.

M. H. BORDIER, agrégé.

1. *Précis de Physique biologique*, 1 vol., 632 pages, avec 278 fig., dont 20 en couleurs (Collection Testut), juillet 1899.

2. *Les actions moléculaires dans l'organisme*, 1 vol., 100 pages et figures *(Scientia)*.

3. *Phénomènes gustatifs et salivaires produits par le courant galvanique* (*Archives d'Électricité médicale*, juin 1899).

4. *Chauffage électrique des machines statiques* (*Archives d'Électricité médicale*, mai 1899).

5. *Sur les prétendus bains de lumière électrique* (*Lyon Médical*, 23 juillet 1899).

6. *Actions électrolytiques observées dans le voisinage d'un tube de Crookes* (*Comptes rendus de l'Académie des Sciences*, juin 1899).

7. *De la part qui revient aux actions électrolytiques dans les accidents cutanés produits par les rayons X* (*Académie des Sciences*, juin 1899).

8. *Recherches sur les effets tertiaires de l'électrolyse appliquée dans le canal de l'urètre* (En collaboration avec le Dr Paviot), in *Congrès de l'A. F. A. S.*, septembre 1899.

9. *Nouvelles bougies électrolytiques pour le traitement des rétrécissements* (*Archives d'Électricité médicale*, août 1899).

10. *Rapport sur le traitement par l'électrolyse des rétrécissements en général*, 1 fasc. de 60 pages (*Congrès de l'A. F. A. S.*, section d'Électricité médicale, Boulogne-sur-Mer, septembre 1899).

11. *Production d'ozone par les appareils à courants de haute fréquence et le résonateur d'Oudin* (en collaboration avec M. Moreau), in *Congrès de l'A. F. A. S.*, septembre 1899.

M. CAUSSE, agrégé.

1. *Sur la Triacétylmorphine* (*Comptes rendus de l'Académie des Sciences*, 1899).

2. *Oxydation de la morphine par l'acide iodique* (*Comptes rendus de l'Académie des Sciences*, 1899).

3. *Sur la présence d'un groupe CO, et sur la fonction du 3e atome d'oxygène contenu dans la morphine* (*Comptes rendus de l'Académie des Sciences*, 1899).

4. *Sur la diacétylcodéine* (*Journal de Pharmacie et Chimie*, 1899).

5. *Sur les dérivés de la diacétylcodéine, Iodométhylate, Iodoéthylate, etc. (Journal de Pharmacie et Chimie, 1899).*

6. *Sur la constitution des Alcaloïdes végétaux (Annales de l'Université de Lyon, 1899).*

7. *Sur la présence de la cystine dans les eaux contaminées des puits de la Guillotière et des Brotteaux (Comptes Rendus Ac. des Sciences, février 1900).*

8. *Sur la recherche, le dosage et les variations de la cystine dans les eaux contaminées (C. R. de l'Ac. des Sciences, mais 1900).*

9. *Sur la présence de la Tyrosine dans les eaux contaminées (C. R. de l'Ac. des Sciences, 30 avril 1900).*

10. *Sur les eaux contaminées de Lyon (Bull. de la Soc. chimique de Paris, 1900).*

11. *Sur la constitution de la morphine (Ass. française p. l'av. des Sc., 1900).*

M. LANNOIS, agrégé.

1. *Le traitement de l'épilepsie par la sympathectomie* (avec le Dr Jaboulay), in *Revue de Médecine,* janvier 1899.

2. *Albuminurie post-paroxystique dans l'épilepsie convulsive* (avec M. L. Mayet), in *Congrès des Neurologistes et Aliénistes* de Marseille, avril 1899, et *Lyon Médical,* 1899.

3. *Épilepsie rétropulsive (Société de Médecine de Lyon,* juillet 1899, et *Lyon Médical,* 1899).

4. *L'Analgésie du cubital dans l'épilepsie* (avec M. H. Carrier), in *Congrès de Médecine interne* de Lille, août 1899, et *Revue de Médecine,* octobre 1899.

5. *Épilepsie ab aure læsa (Congrès international d'Otologie* de Londres, août 1899, et *Annales des Maladies de l'oreille,* septembre 1899).

6. *Tumeur du lobe frontal (Société des Sciences Médicales,* et *Lyon Médical,* 1899).

7. *Sclérose en plaques médullaire consécutive à une arthrite tuberculeuse de l'épaule* (avec le Dr Paviot), in *Congrès des Neurologistes et Aliénistes* de Marseille, avril 1899, et *Revue de Médecine,* août 1899.

8. *Sur un cas de coxalgie hystérique (Société de Médecine de Lyon,* et *Lyon Médical,* mars 1899).

9. *Zona de la face avec paralysie de la 7e paire et troubles auditifs (Société des Sciences médicales,* et *Lyon médical,* juin 1900).

10. *Examen de l'oreille après la sympathectomie chez l'homme (Société française d'otologie et laryngologie,* mai 1899, et *Revue de laryngologie,* octobre 1899).

11. *Larves dans l'oreille (eod. loc.).*

12. *Étude médico-légale sur l'oreille de Vacher, le tueur de bergers (Annales des Maladies de l'oreille,* janvier 1899).

M. Étienne ROLLET, agrégé.

1. *Papillite et œdème de la papille* (*Province Médicale*, janvier 1899).
2. *Des injections sous-conjonctivales huileuses de biiodure hydrargyrique* (*Lyon Médical*, février 1899).
3. *Lame de couteau implantée dans les orbites* (*Société de Chirurgie*, mai 1899).
4. *La rétinite pigmentaire syphilitique acquise* (*Th.* de Millet, juillet 1899).
5. *La tuberculose primitive du sac lacrymal* (*La Clinique Ophtalmologique*, juillet 1899).
6. *Ostéomes musculaires chez une jeune fille* (*Société de Chirurgie*, décembre 1898).
7. *Septicémie d'origine mastoïdienne* (*Société des Sciences médicales*, décembre 1898).
8. *Appendicite à fistulisation scrotale* (*Société des Sciences médicales*, janvier 1899).
9. *Cystotomie sus-pubienne* (*Société des Sciences médicales*, janvier 1899).
10. *Du spasme intestinal dans la contusion de l'abdomen* (*Th.* de Gueytal, janvier 1899).
11. *Énorme hypertrophie unguéale* (*Société d'anthropologie*, avril 1899).
12. *Ectrodactylie et brachydactylie plantaires* (*Société d'anthropologie*, avril 1899).
13. *Double chancre syphilitique du cuir chevelu* (avec inclusion d'une dent) causé par une rixe (*Société de Médecine*, juin 1899).
14. *Kyste hydatique intra-hépatique* (*Société des Sciences médicales*, juin 1899).
15. *Môle hydatiforme* (*Société des Sciences médicales*, juin 1899).
16. *Corps étranger articulaire d'origine traumatique* (*Société de Chirurgie*, juillet 1899).
17. *Fracture de la rotule, cerclage* (*Société des Sciences médicales*, octobre 1899).

M. SIRAUD, agrégé.

1. *Absence congénitale du radius* (*Société de Chirurgie de Lyon*, 1898).
2. *Absence congénitale du tibia, malformations multiples* (*Id*).
3. *Exostose sous-unguéale de l'annulaire droit* (*Id.*).

Thèses :

4. Augros. — *Traitement de l'Empyème chronique par la décortication du poumon.*
5. Dauthuile. — *Les Anomalies mammaires dans leurs rapports avec l'embryologie et la pathologie.*

6. FAUCOMPRÉ. — *Cure radicale des hernies inguinale et crurale par le procédé Duplay-Cazin.*

7. HUMBERT. — *De l'épithélioma sublingual.*

8. MALASPINA. — *De la valeur des opérations conservatrices dans les traumatismes graves du genou.*

9. MIKOFF. — *Cure radicale des varices par la résection.*

10. RIGOUD. — *Traitement chirurgical du mal perforant plantaire.*

11. SAVORNIN. — *Contribution à l'étude de l'absence congénitale du radius.*

12. SOUSSELIER. — *Contribution à l'étude des abcès sous-phréniques.*

13. SPIRE. — *Exostose sous-unguéale des doigts.*

14. VUILLAUME. — *Absence congénitale du tibia.*

RAPPORT

DE

M. DEPÉRET

DOYEN DE LA FACULTÉ DES SCIENCES

SUR LES TRAVAUX DE CETTE FACULTÉ

PENDANT L'ANNÉE SCOLAIRE 1898-1899

I. — LOCAUX ET ORGANISATION

L'année scolaire 1898-1899 marquera dans la vie de l'Université de Lyon par l'achèvement de l'Institut de Chimie, véritable monument élevé à la science chimique, avec ses nombreuses et importantes applications. De cet Institut, le plus grandiose sans conteste des établissements similaires de la France, la moitié revient à la Faculté des Sciences qui y a transporté deux de ses laboratoires : celui de *Chimie générale* dirigé par M. le professeur Barbier ; et celui de *Chimie appliquée*, avec son annexe l'*École de Chimie industrielle*, fondée par le regretté Raulin et toujours prospère sous la direction de son successeur M. le professeur Vignon. Dans des locaux clairs et spacieux, les étudiants en chimie, de plus en plus nombreux tous les jours, et les jeunes savants, désireux de poursuivre des recherches originales théoriques ou appliquées, trouveront des laboratoires commodes, pourvus d'un outillage approprié aux besoins des divers ordres d'études qu'ils voudront entreprendre.

Le transfert des services de chimie dans l'Institut de la rue de Béarn laisse disponibles à la Faculté des Sciences une grande partie des locaux du rez-de-chaussée, qui serviront à l'accroissement d'un certain nombre d'autres services, devenus trop étroits par l'augmentation rapide des collections et du nombre des étudiants de toutes catégories. D'après la répartition qui a été approuvée unanimement par le Conseil de la Faculté, une partie de ces locaux servira à la création d'un laboratoire de *Physique industrielle*; une autre partie sera utilisée pour la réinstallation complète du service de *Botanique*, distribué jusqu'à ce jour d'une manière peu commode dans trois étages superposés; enfin le reste permettra d'établir des salles de cours et de conférences de mathématiques, installées jusqu'ici d'une manière presque misérable dans les locaux du premier étage. Par suite de ces modifications, les autres services de la Faculté, ceux de zoologie, de minéralogie, de géologie, pourront recevoir dans les étages supérieurs une extension en rapport avec leurs besoins croissants, et une installation qui pourra, cette fois enfin, être considérée comme définitive et digne de la première Université de province.

Ce programme comprend, on le voit, un rema-

niemcnt presque entier de la Faculté des Sciences,
ce qui entraînera malheureusement des frais assez
considérables, dont le devis est dès maintenant à
l'étude.

Le personnel enseignant a subi, cette année, peu de
modifications. A la fin de l'année scolaire, M. Houllevigue, maître de conférences de Physique, a été nommé
chargé de cours à la chaire vacante de Physique à
l'Université de Caen. La Faculté félicite M. Houllevigue de cet avancement. M. le Ministre nous adresse
à sa place M. Weiss, maître de conférences à l'Université de Rennes, qui prendra possession de son poste à
la rentrée de novembre.

Nous avons eu à enregistrer un bien triste événement :
le décès de l'un des élèves de la Faculté, M. Rousset,
chef des travaux de Chimie générale ; ce jeune savant
plein d'avenir a succombé aux atteintes d'une cruelle
et douloureuse maladie quelques mois à peine après
avoir passé brillamment devant la Faculté sa thèse de
doctorat ès sciences. Il a été remplacé dans ses fonctions par M. Grignard.

M. le Ministre a bien voulu honorer le personnel de
la Faculté en nommant MM. Autonne et Vessiot
officiers de l'Instruction publique ; M. Perrigot officier
d'Académie.

III. — ENSEIGNEMENTS

Les nouveaux enseignements de *Mathématiques préparatoires*, de *Physique industrielle*, de *Physiologie* et de *Géologie*, créés l'année dernière par le Conseil de l'Université, ont obtenu un très grand succès auprès de nos étudiants. Les élèves inscrits régulièrement à ces cours nouveaux, et restés pour la plupart assidus jusqu'à la fin de l'année, ont été de 29 pour les Mathématiques, de 40 pour la Physique industrielle, de 13 pour la Physiologie, de 12 pour la Géologie. Il faut se féliciter en particulier de voir arriver en grand nombre dans nos amphithéâtres et dans nos laboratoires les élèves de l'École Centrale lyonnaise, qui étaient inscrits cette année sur nos registres au nombre de 19. Il y a lieu de penser que cette sorte de collaboration scientifique entre l'École Centrale et l'Université deviendra encore plus étroite, lorsque cette École aura été reconstruite et agrandie aux côtés mêmes de l'Université, ainsi qu'il résulte d'une convention récente survenue entre le Conseil de l'École et le Conseil municipal de Lyon.

La Faculté a été autorisée par M. le Ministre à délivrer trois nouveaux Certificats d'études supérieures portant les titres suivants : *Mathématiques préparatoires à la Physique et aux sciences industrielles ; Mathématiques supérieures ; Physique industrielle.*

Cette décision porte à 14 le nombre des certificats d'études entre lesquels se répartissent les enseignements donnés à la Faculté.

En outre, le titre du Certificat de *Minéralogie* a été modifié; il s'appellera désormais : *Minéralogie théorique et appliquée.*

IV. — EXAMENS

DOCTORAT DE L'UNIVERSITÉ. — Le titre de Docteur de l'Université de Lyon, créé par décision du Conseil de l'Université et approuvé par M. le Ministre, vient d'être conféré pour la première fois dans l'Université à M. LESER, auteur d'une thèse remarquable de chimie organique, intitulée :*Contribution à l'étude des cétones incomplètes.*

Nous comptons bien que ce brillant début déterminera un certain nombre de savants français et étrangers, dépourvus des diplômes universitaires exigés pour le Doctorat ès sciences, à venir faire sanctionner la valeur de leurs travaux par la délivrance du diplôme nouvellement créé de *Docteur de l'Université de Lyon.*

LICENCE ÈS SCIENCES. — La Faculté était autorisée à délivrer, en 1898-1899, 13 certificats d'études supérieures, pour lesquels les nombres des candidats inscrits étaient les suivants :

Calcul différentiel et intégral 11
Mécanique. 11
Astronomie . . . .
Mathématiques supérieures. 1
Mathématiques préparatoires. 29
Physique générale. 7
Chimie générale. 35
Chimie appliquée. 26
Minéralogie 17
Zoologie 7
Physiologie. 13
Botanique. 16
Géologie 12
                              ____

                   TOTAL. . . . 190   candidats

La Faculté a délivré, au total, dans les deux sessions de novembre et de juillet, 57 certificats ainsi répartis :

Astronomie 1. — Calcul différentiel et intégral 3. — Mécanique 2. — Mathématiques préparatoires 2. — Physique 2. — Chimie générale 10. — Chimie appliquée 13. — Minéralogie 9. — Zoologie 2. — Physiologie 3. — Botanique 5. — Géologie 5.

Le nombre des candidats qui ont acquis trois certificats, et auxquels a été en conséquence délivré un diplôme de licencié ès sciences, a été de 18 pendant l'année scolaire écoulée.

CONCOURS D'AGRÉGATION DES LYCÉES. — Le concours d'agrégation des sciences physiques, ouvert à Paris en juillet dernier, a donné lieu aux succès suivants pour les élèves de notre Faculté: M. Vaillant, boursier d'agrégation, a été reçu agrégé avec le numéro 3; M. Thovert, préparateur, a été déclaré admissible.

CERTIFICAT D'ÉTUDES PHYSIQUES ET NATURELLES (P. C. N.). — Le nombre des étudiants immatriculés pour ce certificat a été de 147, plus 4 étudiants bénévoles ; en outre 30 étudiants *inscrits* se sont trouvés momentanément *absents* (service militaire et autres causes). Total 181.

La comparaison avec les années précédentes donne le tableau suivant :

1894-95. . . .	50 étudiants inscrits et présents	
1895-96. . . .	130 —	— —
1896-97. . .	173 —	— —
1897-98. . . .	164 —	— —
1898-99. . . .	147 —	(plus 4 bénévoles).

Parmi ces étudiants, figurent 18 étudiants étrangers : 5 Bulgares, 1 Égyptien, 2 Grecs, 1 Turc, 1 Suisse et 8 étudiantes russes.

Résultats des examens du P. C. N.

1896-97. . . .	202 candidats	109 admis 54 %
1897-98. . . .	230 —	109 — 47 %
1898-99. . . .	213 —	99 — 46 %

BACCALAURÉATS. — La statistique du baccalauréat est la suivante :

Baccalauréat classique	1897-1898	140 candidats,	73 admis 52 %	
	1898-1899	136 —	67 —	49 %
Baccalauréat moderne	1897-1898	113 —	96 —	69 %
	1898-1899	147 —	90 —	61 %

On voit par l'examen de ces chiffres que les deux baccalauréats, classique et moderne, se maintiennent, à quelques unités près, au même rang, comme nombre de candidats ; mais, constamment, la proportion des reçus est plus forte pour le moderne que pour le classique. Pour des raisons sans doute complexes, les candidats du moderne paraissent donc posséder une instruction scientifique plus solide en moyenne que les bacheliers classiques.

NOMBRE DES ÉTUDIANTS A LA FACULTÉ DES SCIENCES 1898-1899

Doctorat ès-sciences	5	(Préparateurs, chefs des travaux, bénévoles)
Doctorat de l'Université	2	(dont 2 préparateurs)
Agrégation { Mathématiques	5	
Physique	7	(dont 2 préparateurs)
Sciences naturelles	0	
Certificats d'études supérieures	95	
Étudiants en médecine et en pharmacie	6	
Certificat P. C. N.	117	
Élèves de l'École de chimie	36	
Étudiants bénévoles	7	
Auditeurs libres	0	
Total	319	
Étudiants ayant interrompu momentanément leurs études	75	
Total général	394	

Il convient de remarquer que, par le nombre de ses étudiants, la Faculté des Sciences de Lyon se place de beaucoup au premier rang parmi les Universités de province.

PUBLICATIONS

DES PROFESSEURS, CHARGÉS DE COURS, etc., DE LA FACULTÉ
DES SCIENCES DE LYON

PENDANT L'ANNÉE 1898-1899

MATHÉMATIQUES

M. VESSIOT, professeur.

Sur les équations linéaires aux dérivées partielles (Comptes rendus de l'Académie des Sciences. 27 février 1899).

M. CARTAN, maître de conférences.

Sur certaines expressions différentielles et le problème de Pfaff (Annales de l'École normale supérieure).

PHYSIQUE

M. VAUTIER, professeur adjoint.

1. *Étude du bec à incandescence de M. Lallement.*
2. *A propos de l'éclairage à incandescence par l'alcool (Comptes rendus de la Société technique de l'Industrie du Gaz en France).*

CHIMIE GÉNÉRALE

M. BARBIER, professeur.

1. *Sur la pulégènacétone (Comptes rendus Acad. des Sc., t. CXXVII, p. 870).*
2. *Synthèse du diméthylheptènol (Comptes rendus Acad. des Sc., t. CXXVIII, p. 110).*
3. *Sur le lémonal de l'essence de Lippia citriodora (Bull., t. XXI, p. 635).*

M. HÉLIER, maître de conférences.

1. *Sur le pouvoir réducteur des tissus (Comptes rendus Ac. des Sc., t. CXXVIII, p. 687).*
2. *Sur le pouvoir réducteur des urines (Comptes rendus Acad. des Sc., 3 juillet 1899).*

M. GRIGNARD, chef des travaux.

1. *Sur un nouvel hydrocarbure hexavalent : le méthylheptènine 2-3-5.*
2. *Sur le méthylheptènine 2-4-6, et le méthylheptatriène 2-4-5-6.*

CHIMIE APPLIQUÉE

M. VIGNON, professeur,

1. *Action de la potasse sur l'oxynitrocellulose* (Comptes rendus Acad. des Sc., 28 novembre 1898).
2. *Dosage du cuivre et du mercure dans les raisins, les vins, les lies et les marcs* (Comptes rendus, 6 mars 1899).
3. *Analyse de l'eau pour l'épuration chimique* (Comptes rendus, 13 mars 1899).
4. *Recherche du mercure dans les produits des vignes traitées avec les bouillies mercurielles* (Comptes rendus, 27 mars 1899).
5. *Osazones oxycellulosiques* (Comptes rendus, 24 avril 1899).
6. *Sur l'essai des eaux industrielles* (Mon. Scientifique, juillet 1899).
7. *Cartes agronomiques de Carcelles, Denicé, La Tour-de-Salvagny.*

M. SEYEWETZ, chef des travaux.

1. *Sur les propriétés développatrices d'une combinaison d'hydroquinone et de paraphenylène diamine* (en collaboration avec M. Lumière), in *Bulletin de la Soc. française de photog.; Monit. Scientifique Quesneville.*
2. *Cours de photographie appliquée* (20 leçons) ; Storck éditeur.
3. *Sur l'emploi de l'iodure mercurique comme renforçateur* (en collaboration avec M. Lumière), in *Bulletin de la Soc. française de photog.; Monit. Scientifique de Quesneville.*
4. *Sur la théorie relative à l'action du persulfate d'ammoniaque sur l'argent des phototypos* (en collaboration avec M. Lumière), in *Bulletin de la Soc. française de photog.*
5. *Sur l'emploi des sels au maximum comme affaiblisseurs* (en collaboration avec M. Lumière), in *Bulletin de la Soc. française de photog.; Monit. Scientif. de Quesneville.*
6. *Cours de manipulations analyses, 3e fascicule autographié ; Storck éditeur. Analyse des substances utilisées dans la teinture et l'impression. Analyse des matières colorantes. Analyse des tissus.*

MINÉRALOGIE

M. OFFRET, professeur,

1. *Projet d'un chemin de fer au Mont-Blanc* (en collaboration avec MM. Depéret et Vallot), in *Revue gén. des Sc.,* 30 juillet 1899, et *Revue alpine,* 1er août 1899.
2. *Sur trois formes cristallines de la métadinitrodiphénylcarbamide* (en collaboration avec M. Villenet), in *Bulletin de la Soc. fr. de Minéralogie,* juin 1899, et *Bull. de la Soc. chimique,* 1899.

PHYSIOLOGIE

M. R. DUBOIS, professeur.

1. *Nouvelles expériences sur le rythme respiratoire de la marmotte en état de torpeur hivernale (Ann. Soc. Linnéenne de Lyon, 1899, et C. R. Soc. Biol., juillet 1899).*
2. *Recherches sur le fonctionnement musculaire comparé chez la marmotte chaude et la marmotte froide (id.).*
3. *Sur la bioélectrogénèse chez les végétaux (id., et C. R. Soc. Biol.).*
4. *Sur la soie de la chenille processionnaire du pin maritime (id.).*
5. *Sur la solidification du fil de soie (id.).*
6. *La scintillation des étoiles est un phénomène entoptique (id.).*
7. *Déshydratation expérimentale par refroidissement brusque d'un organisme à sang chaud (id.).*
8. *Influence de l'ablation du cerveau moyen sur la résistance à l'asphyxie dans l'air confiné (id.).*
9. *Recherches de calorimétrie animale, critique de M. Dalto (id.).*
10. *Nouvelles recherches sur la physiologie de la marmotte (Journal de Physiologie et de Pathologie générale, septembre 1899).*
11. *Sur les phénomènes électriques produits par l'activité des zymases (id., 1er janvier 1900).*
12. *Inhalation d'oxygène contre le mal de mer (C. R. Soc. Biol., juillet 1899).*

M. E. COUVREUR, chargé d'un cours complémentaire.

Recherches sur quelques liquides kystiques (Ann. Soc. Linnéenne de Lyon, 1899).

ZOOLOGIE

M. KŒHLER, professeur.

1. *Les ophiures de mers profondes (Echinoderma of the Indian Museum, 1 vol. avec 14 planches, Calcutta, 1899).*
2. *Revue annuelle de Zoologie (Revue générale des Sciences, 1899).*
3. *Description d'une ophiure littorale nouvelle (Bulletin de la Société Zoologique de France, t. XXIII).*
4. *Sur les Echinocardium de la Méditerranée (Revue Suisse de Zoologie, t. VI).*

M. CAULLERY, maître de conférences.

En collaboration avec M. Félix MESNIL.

1. *Sur un sporozoaire aberrant (C. R. Soc. Biologie, 26 novembre 1898).*
2. *Sur trois orthonectides nouveaux (C. R. Acad. des Sciences, 13 février 1899).*
3. *Sur l'embryogénie des orthonectides (Ibid., 20 février 1899).*
4. *Sur un groupe de grégarines hématoïdes parasites des Annélides (C. R. Soc. Biol., 7 janvier 1899).*
5. *Sur quelques parasites des Annélides (Trav. du Labor. de Wimereux, t. VII, p. 80-99, pl. IX).*
6. *Les Aplosporidées, ordre nouveau de sporozoaires (C. R. Acad. des Sciences, 16 octobre 1899).*
7. *Les parasites intimes des Annélides (Congr. Assoc. française pour l'avanc^t des Sciences, Boulogne, septembre 1899, sous presse).*
8. *Sur un Épicoride parasite des Balanes (C. R. Acad. Sciences, 13 novembre 1899).*
9. *Bibliographie de la Géographie Zoologique pour 1898 (Ann. de Géographie, 15 septembre 1899).*

M. VANEY, chef des travaux.

1. *Sur un cercaire (C. pomatiæ, n. sp.) parasite d'Helix pomatia (en collaboration avec M. COSTE), in Zoologischer Anzeiger, Bd XXII, n° 586.*
2. *Sur l'Isaria arbuscula (Hariot) d'une nymphe de cigale du Mexique (en collaboration avec M. A. BEAUVERIE), in Ann. de la Soc. Linn. de Lyon, 1899.*

M. CONTE, préparateur.

1. *Sur un cercaire (C. pomatiæ, n. sp.) parasite d'Helix pomatia (en collaboration avec M. VANEY), in Zoologischer Anzeiger, Bd XXII, n° 586.*
2. *Sur un cas de monstruosité observé chez Box boops A. Br. (Ann. Soc. Linnéenne de Lyon, 1899).*

BOTANIQUE

M. GÉRARD, professeur.

1. *Compte rendu des travaux exécutés dans le jardin et les collections botaniques et horticoles de la Ville (Rapport adressé à M. le Maire de Lyon).*
2. *L'Horticulture nouvelle (Revue bimensuelle des Parcs et des Jardins, Lyon, 1899).*

3. *Les classifications de de Candolle (Société de Botanique de Lyon,* 22 novembre 1898).
4. *De la dénutrition chez les plantes (Soc. de Bot. de Lyon,* 10 janvier 1899).
5. *Pleurothallis convergens sp. nov. (Soc. de Bot.,* 18 avril 1899).
6. *De l'épuration des eaux d'arrosage (Horticulture nouvelle,* 25 novembre 1898).
7. *A propos de races (Horticulture nouvelle,* 25 décembre 1898).
8. *Vie oscellante et vie latente (Horticulture nouvelle,* 25 février 1899).
9. *De l'action des agents extérieurs sur la matière vivante (Horticulture nouvelle,* 25 mars 1899).
10. *L'Aristolochia gigas (Horticulture nouvelle,* 10 juillet 1899).
11. *Du rôle du père et de la mère dans la fécondation (Congrès des Chrysanthémistes).*

M. CHIFFLOT, chef des travaux

1. *L'Anthracnose chez les orchidées (B. S. H. P. R.).*
2. *Nouvelle maladie des Crotons et Dracœnas à feuillage coloré (B. S. H. P. R.,* et *B. S. H. F.).*
3. *Myosotis et Pucerons (B. S. H. P. R.).*
4. *Sur une inflorescence monstrueuse d'Anthemis fructescens,* var. *Mme Hunier (Ann. Soc. Bot. Lyon ; Bull. des Sc. nat. de S.-et-L.).*
5. *Déformations anatomiques des tissus de la feuille de Crataegus oxycantha,* var., *causées par les Pucerons (Bull. des Sc. nat. de S.-et-L.).*
6. *Les plantes aquatiques dans l'ornementation des jardins (B. S. H. P. R.).*
7. *Maladies des platanes de la Ville de Lyon (B. S. H. P. R.,* et *Bull. des Sc. nat. de S.-et-L.).*
8. *La Rouille des Malvacées et son traitement (B. S. H. P. R.,* et *Bull. des Sc. nat. de S.-et-L.).*
9. *Note rectificative à propos de la fécondation des Chrysanthèmes par l'Eristalis tenax (Le Chrysanthème).*
10. *Rapport sur l'Exposition horticole de Chalon-sur-Saône (B. S. H P. R.).*
11. *Maladie du Cyclamen de Perse et de ses variétés (B. S. H. P. R., et Bull. de la Soc. imp. de Vienne).*
12. *Compléments sur les maladies et parasites des Chrysanthèmes (Congrès de Lyon,* novembre 1899, *B. S. H. P. R., et Le Chrysanthème).*

M. BEAUVERIE, préparateur.

1. *Le Botrytis cinerea et la maladie de la Toile (Comptes rendus de l'Académie des Sciences,* Séances du 27 mars et du 15 mai 1899).
2. *Sur la maladie de la Toile (Horticulture nouvelle,* Lyon, n° du 25 avril 1899).

3. *Sur le polymorphisme de l'appareil conidien du Sclerotinia Fucke-liana* (*Annales de la Soc. bot. de Lyon*, XXIV, 1899).
4. *Sur l'Isaria arbuscula* (HARIOT) (en collaboration avec M. C. VANEY) (*Annales de la Soc. linnéenne de Lyon*, XLVI).
5. *Études sur le Polymorphisme des champignons; Influence du milieu*; 1 vol., 270 pages avec 75 gravures dans le texte (*Annales de l'Université de Lyon*, nouvelle série, fasc. 3).
6. *Études sur les champignons inférieurs* (*Bulletin de la Société des Sciences naturelles de Saône-et-Loire*).

GÉOLOGIE

M. DEPÉRET, professeur.

1. *Aperçu général sur la bordure nummulitique du massif ancien de Barcelone et étude de la faune oligocène de Calaf* (*Bull. Soc. Géol. de France*, t. XXVI, p. 713).
2. *Observations sur les terrains néogènes de la région de Barcelone* (*Id.*, t. XXVI, p. 853).
3. *Compte rendu des explorations de la campagne de 1898* (*Feuille de Narbonne*), in *Bull. du service de la carte géol. de France*, nº 69, p. 47.
4. *Id.* (*Feuille de Lyon au 1/320.000*), p. 70.
5. *Feuille géologique de Valence au 1/80.000* (*Terrains tertiaires et quaternaires*) *et notice explicative* (*Service de la carte géol. de France*).

M. RICHE, chargé de cours.

Compte rendu des explorations de la feuille de Chambéry (*Bull. du Service de la carte géol. de France*, nº 69, p. 121).

M. ROMAN, préparateur.

1. *Compte rendu des explorations de la campagne de 1898* (*Feuille du Vigan*), in *Bull. du service de la carte géol.*, nº 69, p. 75.
2. *Absence du Barrémien sur la feuille de Montpellier* (*Bull. Soc. géol. de France*, t. XXVII, p. 517).

M. DONCIEUX, préparateur adjoint.

Compte rendu des explorations de la campagne de 1898 (*Feuille de Narbonne*), in *Bull. du Serv. de la Carte géol.*, nº 69, p. 49.

RAPPORT

DE

M. CLÉDAT

DOYEN DE LA FACULTÉ DES LETTRES

SUR LES TRAVAUX DE CETTE FACULTÉ

pendant l'année scolaire 1898-1899

La Faculté avait perdu l'an dernier un de ses anciens professeurs, M. Ferraz ; il y a quelques mois nous avons appris la mort du prédécesseur de M. Ferraz, M. Francisque Bouillier. M. Bouillier était entré à la Faculté des Lettres de Lyon l'année où elle fut rétablie ou, à vrai dire, instituée, car les Facultés du premier Empire n'étaient que des annexes des Lycées. Il avait alors vingt-cinq ans (1838) et il nous a appartenu comme professeur de philosophie pendant vingt-six ans. Il exerça pendant seize ans les fonctions de doyen et s'honora, à ce titre, par sa protestation contre la mesure illégale qui fit descendre Victor de Laprade de sa chaire en 1861. Par un oubli étrange, il ne fut nommé ni professeur ni doyen honoraire lorsqu'il fut délégué au rectorat de Clermont en 1864. Il fut ensuite inspecteur général, directeur de l'École normale supérieure, et il entra à l'Institut en 1875. Il n'avait pas oublié le chemin de la Faculté, qui, après son départ, s'était installée un peu plus confortablement dans une autre aile du Palais Saint-Pierre, et, pendant ses séjours à Lyon, on le voyait souvent dans notre petite bibliothèque, car il n'a cessé de travailler et de produire jusqu'à l'âge le plus avancé. Ses œuvres sont bien connues non seulement des spécialistes, mais aussi du grand public lettré. Plusieurs d'entre elles, parmi les meilleures, ont fait d'abord l'objet de l'enseignement du professeur, notamment l'histoire du cartésianisme, la théorie de la raison impersonnelle, le principe vital et l'âme pensante. Rappelons encore que c'est sous son décanat, en 1854-55, que furent instituées chez nous les conférences préparatoires à la licence, qui n'existaient encore dans aucune autre Faculté. Le nom de ce philosophe pénétrant, de cet écrivain de grand talent, de cet homme de conscience, restera toujours honoré à la Faculté des Lettres et dans l'Université de Lyon.

J'ai l'agréable devoir de saluer le retour de M. Loret, qui a été chargé pendant deux ans de la haute direction des antiquités et des fouilles en Égypte, et qui, en cette qualité, a fait de très belles découvertes, dont il entretiendra les auditeurs de son cours public. Son retour met fin à la délégation de M. Moret, qui le remplaçait ici et qui avait vite gagné l'estime et l'affection de tous ses collègues ; il laisse à la Faculté les regrets les plus vifs.

M. Schirmer, professeur de géographie, nous a quittés pour la Sorbonne, où il va augmenter le nombre des bons amis et anciens collègues que nous comptons dans les rangs de la Faculté des Lettres de Paris. M. Schirmer avait eu la lourde charge d'organiser chez nous de toutes pièces un institut de géographie, et il s'y est consacré avec un zèle et une activité des plus louables. Je souhaite la bienvenue à son successeur M. Lespagnol, qui aura à continuer l'œuvre si bien commencée, et que nous savons être à la hauteur de sa tâche.

Sur notre proposition, le Conseil de l'Université a fait entrer parmi les conférences régulières de la Faculté l'enseignement de la physiologie, qui a été confié à M. Morat, notre collègue de la Faculté de Médecine. Depuis nombre d'années, M. Morat nous prêtait son concours sous la forme d'un cours libre, et les services qu'il a déjà rendus à nos étudiants de philosophie sont un gage de ceux qu'il s'apprête à leur rendre encore dans une situation plus stable.

Avec le concours indirect de l'État et grâce aux généreuses subventions du Conseil général du Rhône, de la Société des Amis de l'Université, et de la Ville de Lyon, le Conseil de l'Université a pu créer tout récemment une maîtrise de conférences d'histoire de Lyon et de la région lyonnaise, qui sera prochainement pourvue d'un titulaire. Dès cette année, des conférences complémentaires d'histoire de Lyon avaient été organisées à la Faculté et confiées à un professeur d'histoire du Lycée Ampère, M. Charléty, dont le succès a rempli notre attente et justifié notre choix.

Pour achever cette revue rapide des événements qui intéressent le personnel enseignant de la Faculté, il me reste à signaler les distinctions honorifiques si méritées qu'ont reçues M. Texte, nommé officier de l'Instruction publique, et M. Renel, nommé officier d'Académie, et à remercier mes collègues d'avoir bien voulu me proposer de nouveau à M. le Ministre pour les fonctions de doyen. Leur vote unanime m'a profondément touché.

Nous avons constaté cette année une diminution notable du nombre de nos étudiants, causée évidemment par le nouveau droit d'immatriculation ; mais on peut dire que cette diminution ne nous enlève que les non-valeurs. Ceux qui ne s'inscrivaient à nos cours que pour la forme, qui s'y montraient de temps à autre ou qu'on n'y voyait point, et qui nous envoyaient un ou deux devoirs par an, ceux-là ont reculé devant le petit sacrifice que l'Université leur demandait. Les autres, les bons, nous sont restés fidèles.

Nous avons eu la satisfaction de conférer le grade de docteur à notre ancien élève M. Bardot, qui a étudié avec beaucoup de finesse et d'ingéniosité quelques articles particulièrement importants du traité de Munster. Malheureusement la thèse n'a pas tenu tout ce qu'elle semblait promettre en fait de résultats nouveaux. M. Bardot méritait de rencontrer un meilleur sujet, et tous les juges se sont accordés à reconnaître que l'ouvrier était bien supérieur à l'œuvre,

La préparation aux grades supérieurs de l'enseignement primaire, qui se rattache au cours — je voudrais pouvoir dire à la chaire — de Science de l'éducation, s'est continuée dans les meilleures conditions, avec la collaboration précieuse de M. le recteur Compayré et le concours habituel d'un groupe de professeurs de la Faculté des Sciences et de la Faculté des Lettres. M. l'inspecteur d'Académie Bianconi a bien voulu donner aux candidats toutes les facilités souhaitables pour les exercices pratiques dans les écoles, et je ne saurais trop l'en remercier. Nous lui devons certainement une bonne part des succès obtenus.

L'événement saillant de l'année a été l'inauguration de notre Musée de moulages, en présence des autorités de la ville, des professeurs de l'Université et des donateurs. M. le Directeur de l'Enseignement supérieur et M. le Recteur ont rappelé à cette occasion les services rendus par les organisateurs du Musée, par M. Holleaux, qui a conçu le plan des salles et poussé bien loin l'installation, sans se laisser rebuter par aucune difficulté, et par M. Lechat, qui a mené l'entreprise à bonne fin, sans oublier MM. Loret et Moret, chargés successivement de la partie égyptologique du Musée. Ces éloges, qui ne risquaient pas d'être exagérés, ont été ratifiés par les applaudissements unanimes du public d'élite qui se pressait autour de M. le Directeur de l'Enseignement supérieur.

Avant de passer aux statistiques de l'année, je dois appeler l'attention bienveillante de M. le Ministre et celle des Sociétés et Assemblées locales sur les enseignements qui manquent encore à la Faculté des Lettres, notamment l'histoire des religions, la philologie romane, les sciences politiques et sociales, l'histoire de la langue et de la littérature italienne, l'histoire de l'Italie, les langues chinoise et annamite, et sur le dédoublement si désirable de la chaire d'histoire ancienne. Je me permets de renvoyer, pour ces différentes questions, à mon rapport de l'an dernier.

STATISTIQUE

ÉTUDIANTS DE LA FACULTÉ

Licence, Agrégation et Certificats d'aptitude à l'enseignement des langues vivantes

	Étudiants de Lyon	Étudiants qui viennent le jeudi	Correspondants	TOTAL
Agrégation..	35	11	18	64
Certificats...	6	1	6	13
Licence......... ..	54	»	10	64
Total..	95	12	31	141

Ces étudiants se répartissent comme suit entre les diverses spécialités :

	Boursiers de l'État.	Boursiers de la Ville	Répétiteurs	Étudiants libres	Étudiants du jeudi	Correspondants	TOTAL
AGRÉGATION							
Lettres..........	»	»	»	3	1	2	6
Grammaire......	2	»	2	5	2	7	18
Philosophie. ...	2	»	»	3	2	1	8
Histoire........	1	»	2	2	2	»	7
Allemand... ...	3	1	»	2	2	»	8
Anglais........	5	»	»	2	2	8	17
Total........	13	1	4	17	11	18	64
CERTIFICAT D'APTITUDE A L'ENSEIGNEMENT DE L'ALLEMAND OU DE L'ANGLAIS							
Allemand.......	»	»	1	2	1	2	6
Anglais........	»	»	1	2	»	4	7
Total........	»	»	2	4	1	6	13
LICENCE							
Lettres..........	4	»	»	22	»	2	28
Philosophie.....	»	»	1	13	»	2	16
Histoire.........	2	»	»	7	»	»	9
Allemand.......	»	»	1	3	»	5	9
Anglais.........	»	»	»	1	»	1	2
Total.........	6	»	2	46	»	10	64

Sur les 12 étudiants (agrégation ou certificat), qui venaient suivre les cours du jeudi, 7 appartiennent à des Académies autres que celle de Lyon, savoir :

1 à l'Académie de Chambéry (*Grammaire*).

1 à l'Académie de Dijon (*Grammaire*).

5 à l'Académie de Grenoble (*Lettres et Grammaire*, 1 ; *Philosophie*, 1 ; *Histoire*, 1 ; *Anglais*, 2).

Sur les 24 correspondants (18 +6) pour la préparation à l'agrégation ou aux certificats, 14 appartiennent à des Académies autres que celle de Lyon, savoir :

1 à l'Académie de Besançon (*Anglais*).

3 à l'Académie de Chambéry (*Grammaire*, 1 ; *Anglais*, 2).

1 à l'Académie de Lille (*Anglais*).

4 à l'Académie de Grenoble (*Grammaire*, 3 ; *Anglais*, 1).

2 à l'Académie de Dijon (*Grammaire et Anglais*).

1 à l'Académie de Caen (*Grammaire*).

1 à l'Académie de Clermont (*Anglais*).

1 à l'Académie de Nancy (*Anglais*).

Cours spéciaux

Les cours de *Sanscrit*, d'*Épigraphie*, d'*Histoire de l'Art*, de *Paléographie*, d'*Égyptologie*, de *Géologie appliquée*, de *Physiologie*, de *Diplomatique*, d'*Histoire de Lyon*, les divers cours de *Sciences auxiliaires de la littérature*, ont été suivis par des élèves et des auditeurs nombreux. La plupart des élèves étaient inscrits aussi pour la préparation à la licence ou à l'agrégation.

Plusieurs étudiants de la Faculté des Sciences suivaient le cours de Géologie appliquée.

Enseignement secondaire des jeunes filles

CERTIFICAT D'APTITUDE (LETTRES)

Élèves libres 1
Correspondantes 1

Professorat et Direction des Écoles normales primaires

Instituteurs. . . . . 28 } 40
Institutrices . . . . 12 }

Nous ne comptons pas les instituteurs ni les institutrices qui suivaient, en grand nombre, le cours de Science de l'éducation, sans prendre part aux exercices de préparation aux grades.

RÉCAPITULATION

Agrégation. 64
Licence 64
Certificats d'aptitude à l'enseignement des
   langues vivantes 13
Enseignement secondaire des jeunes filles . 2
Grades supérieurs de l'enseignement primaire 40
                                   TOTAL. . . . 183

Les étudiants en droit préparant une de nos licences étaient au nombre de 10 (sur un nombre total de 46 étudiants libres de licence) : 5 pour les lettres, 4 pour la philosophie, 1 pour l'histoire. 2 autres étudiants en droit ont suivi les cours d'agrégation : MM. Nédey (*Grammaire*); Bornarel (*Histoire*).

2 étudiants étrangers (1 Allemand et 1 Suisse) suivaient nos cours et nos conférences pour se perfectionner dans la connaissance de la langue française.

Enfin les élèves femmes étaient au nombre de 27 ainsi réparties :

Agrégation d'anglais 4
Certificat d'allemand 3
    —   d'anglais 4
Enseignement secondaire des jeunes filles . . 2
Licence (Philosophie) 1
    — (Histoire) 1
Institutrices préparant les grades supérieurs . 12
                        TOTAL. 27

EXAMENS

BACCALAURÉAT DE L'ENSEIGNEMENT SECONDAIRE CLASSIQUE

— PREMIÈRE PARTIE —

Candidats 730
— éliminés après l'épreuve écrite 292
— éliminés après l'épreuve orale 142
— admis 296
Mentions : *Très bien* 1
— *Bien* 4
— *Assez bien* 51
— *Passable* 240

Moyenne : 40,54 p. 100.

Ont obtenu la mention *Très bien :* M. Chappel ; *Bien :* MM. Guironnet, Kissel, Montrochet, Quintero.

Deuxième partie, première série : Lettres-Philosophie

Candidats 339
— éliminés après l'épreuve écrite 94
— éliminés après l'épreuve orale 58
— admis 187
Mentions : *Très bien* 2
— *Bien* 3
— *Assez bien* 28
— *Passable* 154

Moyenne : 55,16 p. 100.

Ont obtenu la mention *Très bien :* MM. Bianconi et Tramond ; *Bien :* MM. Marix, Traynard et Wernert.

BACCALAURÉAT DE L'ENSEIGNEMENT SECONDAIRE
MODERNE

— PREMIÈRE PARTIE —

Candidats. 326
— éliminés après l'épreuve écrite. . . . 114
— éliminés après l'épreuve orale 45
— admis. 137
Mentions : *Bien* 2
— *Assez bien*. 17
— *Passable*. 118

MOYENNE : 42,02 p. 100.

Ont obtenu la mention *Bien* : MM. Hauser, Valette.

— DEUXIÈME PARTIE —

Candidats. 22
— éliminés après l'épreuve écrite. . . . 8
— éliminés après l'épreuve orale 4
— admis. 10
Mentions : *Assez bien* : 2 ; *Passable* : 8.

MOYENNE : 45,45 p. 100.

TOTAL GÉNÉRAL POUR LE BACCALAURÉAT

Candidats examinés 1417
— éliminés. 538
— ajournés. 249
— admis. 630
Mentions : *Très bien* 3
— *Bien* 9
— *Assez bien*. 98
— *Passable*. 520

MOYENNE GÉNÉRALE : 44,46 p. 100.

COMPARAISON AVEC L'ANNÉE SCOLAIRE 1897-1898

```
Candidats en 1897-98 . . . . . . . . . . . . . .   1556
    —      éliminés . . . . . . . . . . . . . .     627
    —      ajournés . . . . . . . . . . . . . .     268
    —      admis . . . . . . . . . . . . . . . .    661
Mentions : Très bien . . . . . . . . . . . . .       »
    —      Bien . . . . . . . . . . . . . . . .      13
    —      Assez bien . . . . . . . . . . . . .     127
    —      Passable . . . . . . . . . . . . . .     521
```

Moyenne : 42,48 p. 100.

Diminution en 1899 : 139 candidats.

La moyenne des réceptions a été plus élevée en 1899.

LICENCE

Lettres

```
Candidats . . . . . . . . . . . . . . . . . . . .   15
    —    éliminés après les épreuves écrites . .     5
    —    éliminés après les épreuves orales . .      1
    —    admis . . . . . . . . . . . . . . . . .     9
```

Mentions *Bien* : M. Rollat ; *Assez bien* : MM. Courby, Farsat, Ménard, Russier ; *Passable* : MM. Arthaud-Berthet, Jamey, Mauret, Palluel.

Philosophie

```
Candidats . . . . . . . . . . . . . . . . . . . .    4
    —    éliminés . . . . . . . . . . . . . . .      1
    —    ajournés . . . . . . . . . . . . . . .      2
    —    admis . . . . . . . . . . . . . . . . .     1
```

Mention *Passable* : M. Barbalat.

Histoire

```
Candidats . . . . . . . . . . . . . . . . . . . .    6
    —    éliminés . . . . . . . . . . . . . . .      »
    —    ajournés . . . . . . . . . . . . . . .      5
    —    admis . . . . . . . . . . . . . . . . .     1
```

Mention *Bien* : M. Gauthier (Louis).

Allemand

Candidats. 7
— admis 5

Mentions *Assez bien :* M. Mazal; *Passable :* MM. Berthet, Commarmond, Gontard, Pommaret.

Anglais

Candidats. 3
— éliminés ou ajournés 3
— admis . . . . »

TOTAL GÉNÉRAL POUR LES DIFFÉRENTS ORDRES DE LICENCE

	1898-99	1897-98
Candidats examinés	35	38
— éliminés après les épreuves écrites	9	17
— ajournés après les épreuves orales	10	3
— admis.	16	18
Mentions : *Très bien*	»	»
— *Bien*	2	»
— *Assez bien*	5	2
— *Passable.*	9	16

Les 16 candidats reçus se répartissent ainsi : *Boursiers de l'État,* 4 ; *Répétiteurs,* 1 ; *Étudiants libres,* 9 ; *Étudiants en droit,* 2.

DOCTORAT

M. Bardot, reçu avec la mention honorable.

CONCOURS D'AGRÉGATION

Élèves ou anciens élèves et correspondants de la Faculté admissibles ou reçus dans les différents concours.

Agrégation de philosophie

4 admissibles : MM. BEAU, BERROD, GINDRIER, RIVAUD.

Agrégation d'histoire

6 admissibles : MM. BARNAUD, BORNAREL, FAUBERT, MAUCHAMP, MAURIC, PONTAL.

Agrégation des lettres

1 admissible et reçu : M. BRAULT

Agrégation de grammaire

6 admissibles : MM. GOLINET, GRASSET, HORLUC, JANNIN, MARINET, SEBERT.
2 reçus : MM. HORLUC (1er) et MARINET (10e).

Agrégation d'allemand

1 admissible et reçu : M. GENEVOIS (1e).

Agrégation d'anglais

2 admissibles et reçus : MM. FEUILLERAT (2e) et MOREL (5e).

Certificat d'aptitude à l'enseignement de l'allemand

1 admissible : M. PROST.

Certificat d'aptitude à l'enseignement de l'anglais

1 admissible : M. GREPT.

Certificat d'aptitude au professorat des écoles normales

3 admissibles et reçus : pour les Sciences : Mlle BARDET; pour les Lettres : Mlle MALAFOSSE, M. MOUSTIER.

Certificat d'aptitude à l'inspection primaire (1)

1 admissible et reçu : M. ROCHE.

(1) Tout récemment un autre de nos élèves a été reçu à l'examen du certificat d'aptitude à l'inspection primaire : M. DÉPLAT.

LAURÉATS DE LA FACULTÉ

La Faculté des Lettres décerne un prix à chacun des étudiants
dont les noms suivent :

Agrégation

M. Rousset (Alexandre-Marie), né le 8 août 1874, à Lyon, candidat à l'agrégation de grammaire.

M. Feuillerat (Albert-Gabriel), né le 16 juillet 1874, à Toulouse, reçu second à l'agrégation d'anglais.

M. Berrod (Ildephonse-Pierre-François-Émile-Octave), né le 21 août 1875, à Beaune (Côte-d'Or), admissible à l'agrégation de philosophie.

Licence

M. Rollat (Pierre), né le 22 mai 1878, à Saint-Jean-Bonnefonds (Loire), reçu licencié avec la mention bien.

M. Gauthier (Henri-Louis-Marie-Alexandre), né le 19 septembre 1877, à Lyon, reçu licencié d'histoire avec la mention bien.

M. Berthet (Ferdinand-Charles-François), né le 6 janvier 1876, à Chanay (Ain), reçu licencié d'allemand.

En outre, le prix donné par la Société des Amis de l'Université pour les répétiteurs du Lycée qui suivent les cours de la Faculté des Lettres est partagé entre M. Perret (Joanny-Marius), né à Lyon le 21 septembre 1872, candidat à l'agrégation de grammaire, et M. Ménard (Gaston-Théodore), né le 7 mai 1873, à Saint-Julien (Haute-Savoie), candidat à la licence de philosophie.

PUBLICATIONS

DES PROFESSEURS DE LA FACULTÉ DES LETTRES

ANNÉE SCOLAIRE 1898-1899

M. BERTRAND, professeur.

1. *L'Enseignement intégral* (Paris, Alcan).
2. *Les Études dans la démocratie* (Paris, Alcan).
3. *L'Enseignement secondaire; Le Lycée de demain* (*Revue encyclopédique Larousse*).
4. *Francisque Bouillier* (*Revue du Siècle*).

M. CHABOT, professeur-adjoint.

1. *Les Écoles normales d'Allemagne* (*Revue pédagogique* du 15 juin 1899).
2. *Comptes rendus d'enquêtes pédagogiques* (*Bulletin départemental du Rhône*, mai-juillet 1899, et *Revue pédagogique*, octobre 1899).
3. *Morale théorique* (collection Thamin, pour l'enseignement secondaire des jeunes filles).

M. CLÉDAT, professeur.

1. *Revue de Philologie française*, tome XIII (Paris, Bouillon).
2. *Chansons de geste, traductions archaïques et rythmées* (Paris, Garnier).

M. FABIA, professeur.

1. *Les Jugements de Tacite sur l'historiographie romaine* (Lecture faite à l'Académie des Inscriptions et Belles-Lettres; Séance du 18 août 1899).
2. *Collaboration au Bulletin bibliographique de la Revue de Philologie classique.*

M. HOLLEAUX, chargé de cours.

1. *Trois décrets de Rhodes* (*Revue des Études grecques*, 1899).
2. *Antioche des Chrysaoriens* (*Id., ibid.*)
3. *Curæ Epigraphicæ* (*Revue des Universités du Midi*, janvier 1899),

M. LECHAT, chargé de cours.

1. *Bulletin archéologique* (dans la *Revue des Études grecques,* n^os de mars-avril et novembre-décembre 1899).
2. *L'Évolution de la sculpture grecque* (dans la *Gazette des Beaux-Arts,* n^os du 1er mars et du 1er avril 1899).

M. LEGOUIS, professeu

Pages choisies de Shakespeare (Armand Collin).

M. LESPAGNOL, chargé de cours.

1. *Bibliographie de l'Australasie et de l'Océanie* (*Annales de Géographie,* 15 septembre 1899).
2. *Sur la réforme de l'enseignement de la géographie* (*Enseignement secondaire,* 15 juillet 1899).

M. LORET, chargé de cours.

1. *Notice des principaux monuments exposés au Musée de Gizéh,* 3e édition, revue et augmentée (Le Caire, in-12, 1897, paru en 1898).
2. *Histoire de l'Égyptologie* (Discours prononcé le 2 décembre 1898 à l'*Institut Égyptien* à l'occasion du centenaire de la fondation de l'*Institut d'Égypte* (Le Caire, in-8°, 1898).
3. *Les Tombeaux de Thoutmès III et d'Aménophis II et la Cachette royale de Biban-el-Molouk* (Extrait du *Bulletin de l'Institut égyptien,* Le Caire, in-8°, 1899).

M. REGNAUD, professeur.

1. *Quatre mémoires dans les Actes du Congrès des Orientalistes de Paris,* 1896.
2. *Divers articles dans la Grande Encyclopédie.*
3. *Divers articles dans la Revue de linguistique et la Revue philosophique.*

RAPPORT

SUR

LES CONCOURS

DE L'ANNÉE SCOLAIRE 1898-1899

L'an mil huit cent quatre-vingt-dix-neuf, le vendredi trois novembre, à neuf heures du matin, les Professeurs et Agrégés de la Faculté de Droit de Lyon se sont réunis, en costume officiel, dans la salle du Conseil, sur la convocation et sous la présidence de M. FLURER, assesseur de M. le Doyen GAILLEMER, en mission à Paris pour la présidence du Concours d'agrégation (section de droit privé et criminel).

Étaient présents : MM. GARRAUD, Charles APPLETON, FLURER, ROUGIER, COHENDY, PIC, Jean APPLETON, professeurs ; LAMBERT, BOUVIER, LAMEIRE, JOSSERAND, agrégés ;

Absent et excusé, M. BARTIN, professeur.

La Faculté s'est aussitôt rendue dans le grand anphithéâtre central, où étaient assemblés les étudiants de toutes les années,

Une place d'honneur était occupée, sur l'estrade, par M. Gabriel COMPAYRÉ, recteur de l'Académie, président du Conseil de l'Université de Lyon.

M. FLURER, après avoir déclaré la séance ouverte, a prononcé l'allocution suivante :

MESSIEURS,

Au moment où la Faculté de droit de Lyon se réunit pour reprendre ses travaux, je dois, en son nom, adresser un salut d'affection et de regret à celui de nos collègues qui vient de se séparer de nous.

Par décret du 29 juillet 1899, M. AUDIBERT, professeur de droit romain à la Faculté de droit de Lyon, a été nommé à la Faculté de droit de Paris.

La Faculté de Paris compte dans son personnel un assez grand nombre d'anciens titulaires des Facultés de province. Mais il n'est arrivé que deux fois qu'elle les ait, de son initiative spontanée, appelés dans ses rangs et comme professeurs, et deux fois son choix s'est fixé sur des Lyonnais ; il y a quelques années, M. THALLER ; M. AUDIBERT, aujourd'hui.

Que de tels événements soient flatteurs pour nous, nul ne songe à le méconnaître. Cependant, je suis sûr d'exprimer la pensée de tous, si j'affirme que la satisfaction d'amour-propre qui peut s'attacher pour nous au départ de M. AUDIBERT a été, ici, peu ressentie. L'impression qui a dominé toutes les autres est celle du regret.

Comme le disait, il y a quelque temps, notre Doyen, et, dans une circonstance plus récente, notre collègue M. APPLETON, nous nous plaisions à croire que M. AUDIBERT était, pour toujours, acquis à cette Faculté, à laquelle il avait donné vingt années de sa vie, et qu'il avait honorée par son enseignement et par ses travaux scientifiques. La séparation ne s'est pas accomplie sans un trouble profond, de part et d'autre. Notre affection et nos vœux suivent dans son poste nouveau le collègue qui ne cessera jamais complètement de nous appartenir.

Ce départ et beaucoup d'autres qui l'ont précédé ont éveillé chez nous des préoccupations d'ordre général que je ne dois pas taire. Jusqu'à ces dernières années, le personnel des Facultés de droit offrait des caractères de stabilité presque absolue. Les mutations se produisaient en petit nombre parmi les professeurs agrégés ; elles étaient extrêmement rares parmi les professeurs titulaires qu'on était habitué à considérer comme un élément permanent et définitif.

Et, lorsqu'il y a quelques années, la loi sur les Universités nous a fait espérer la formation de grandes institutions d'enseignement supérieur, ayant leur vie

propre, leur physionomie, leurs doctrines, — des
« Écoles » dans le sens le plus large et le plus élevé du
mot, — nous devions croire que ces traditions ne
changeraient pas et que nous verrions l'autonomie des
Universités grandir par la stabilité du personnel, et la
stabilité du personnel s'affirmer encore par l'autonomie
des Universités.

Loin de là ! Et, par une coïncidence bizarre, c'est
précisément depuis la même époque que les déplacements vers Paris se sont multipliés parmi les professeurs titulaires.

Il y a là une contradiction et un danger qui appellent
l'attention de tous ceux qui ont souci de l'avenir des
Universités provinciales. Assurément il serait vain et
odieux d'y retenir comme des captifs ceux que leurs
goûts, leurs aspirations, ou d'impérieux devoirs peuvent
appeler autre part. Mais il ne serait pas impossible,
sans doute, de donner aux professeurs des Universités
de province moins de raisons de préférer à leurs postes
ceux de l'Université de Paris.

Après cette allocution, M. Flurer a donné la
parole à M. Lameire, agrégé, chargé par la Faculté
de présenter, sur les concours de l'année scolaire
1898-1899, le rapport prescrit par l'article 8 de
l'Arrêté ministériel du 17 mars 1840.

M. Lameire s'est exprimé en ces termes :

MESSIEURS,

Depuis le milieu de la monarchie de juillet, — la date précise est le 17 mars 1840, — dans chaque Faculté de droit, un membre de la Faculté est chargé de faire un rapport annuel sur les concours et sur les récompenses auxquelles ces concours ont donné lieu. S'il était permis *parvis componere magna*, je louerais à ce sujet la prévoyance de M. Victor Cousin, alors ministre : ces rapports seront peut-être, en effet, dans un avenir lointain les principaux documents au moyen desquels les historiens futurs pourront se rendre compte de la marche des idées dans les jeunes esprits. Hâtons-nous de dire que, pour la Faculté de Lyon, cette histoire a toujours été honorable et qu'elle l'est particulièrement cette année-ci. Au concours général ouvert entre les élèves de troisième année de toutes les Facultés de droit, la Faculté de Lyon a obtenu trois nominations.

Le sujet de ce concours était juridique s'il en fut : *Des effets de l'indivision entre époux ou entre un époux et un tiers, soit sous le régime de communauté quant aux immeubles propres, soit sous un autre régime.*

Dans ce concours, le second prix nous appartient : il est conquis par M. CHAPUIS, candidat d'une mémoire prodigieuse, dit le rapport officiel ; une seconde mention est accordée à M. ROUGIER, et une troisième à M. BONNIAUD.

Si ces trois lauréats sont curieux de se rendre compte du mérite de leurs travaux, d'en voir l'analyse, je les renvoie au *Journal officiel* du 10 octobre 1899, n° 275, p. 6724. Pour nous, nous n'avons pour mission que de citer ici leurs noms : nous les avons mis en vedette au début de ce rapport. C'est une place bien due à ceux qui soutiennent les glorieuses traditions de la Faculté de Lyon.

Et maintenant : *Paulo minora canamus*, et, du concours entre toutes les Facultés de France, passons aux concours intérieurs de la Faculté de Lyon : c'est là l'objet propre de notre rapport.

CONCOURS ENTRE LES ÉTUDIANTS DE PREMIÈRE ANNÉE

Trois concours ont eu lieu en première année : Sur *l'histoire du droit français*, sur le *droit romain*, et sur *l'économie politique*.

CONCOURS D'HISTOIRE DU DROIT FRANÇAIS

Le sujet du concours d'histoire du droit, l'un des plus larges qui pût être donné, était l'étude des États généraux. Sujet large, avons-nous dit, mais non des plus faciles à traiter : le principal danger consistait dans un rapprochement tentant, mais peu exact, entre les institutions politiques de l'ancien droit et les institutions contemporaines. Danger aussi de donner aux États généraux de l'ancien droit une importance qu'ils n'ont jamais eue et d'en faire le pivot de l'existence de la monarchie. Autre écueil du sujet que ne pouvaient guère éviter des débutants : citer des dates exactes et précises pour la naissance de telle ou telle institution, l'origine de telle ou telle réforme. Rien n'a procédé par bonds dans l'histoire de l'ancien droit. Autre danger : l'absence de notions sur le caractère des changements de souveraineté ; un des concurrents, pour montrer que les États généraux avaient le droit de sanctionner des démembrements du territoire du royaume, cite l'exemple du traité de Troyes. Mais le traité de Troyes n'eut pour conséquence aucun démembrement juridique du royaume : son but officiel était de remplacer sur un trône indivisible la dynastie de Valois par celle de Lancaster. Calais même était réannexé à la couronne de France. Aucun des concurrents n'a vu l'importance des États généraux dans la formation territoriale du royaume, la représentation des grands fiefs finissant par s'établir au même titre que la représentation des provinces du domaine royal le plus ancien ; enfin, ce qui complète cet ordre d'idées, et qui eût été particulièrement intéressant pour des esprits lyonnais, la représentation aux États des provinces étrangères au début de la souveraineté du roi et qu'aucun acte n'avait libérées de l'allégeance impériale. Il y avait là une telle occasion de porter un coup très fort à la théorie de l'union simplement personnelle des provinces transrhodaniennes.

Ce *desideratum*, du reste, n'en est par un : il suppose une période d'études antérieures qui manque forcément aux élèves de première année

Ces réserves faites, le concours d'histoire est très honorable. La composition de M. CHARVET se place de bien loin en vedette et vaut, sans conteste possible, à son auteur, la première place entre les élus. Cette composition est de beaucoup la plus complète. Beaucoup mieux que ses co-concurrents, M. CHARVET a mis en lumière le rapport des États généraux avec la constitution ancienne de la « Curia regis », ce berceau de tant d'institutions politiques de l'ancien droit ; il a bien montré le caractère des innovations remontant respectivement aux règnes de Philippe le Bel et de Charles VIII, et pour lesquelles les dates de 1302 et 1484 sont généralement admises. Si on peut lui reprocher un peu de brièveté dans l'histoire des principales sessions, il faut reconnaître qu'il est généralement assez clair et assez complet dans ses développements sur la composition des Assemblées des trois ordres, sur les divers systèmes successivement suivis pour la convocation des députés, sur les principes électoraux qui dominaient ces Assemblées représentatives. Les attributions des États généraux, point capital, ne sont pas négligées non plus. Mais il y a des ombres au tableau : des fautes de terminologie, extrêmement graves et contre lesquelles on ne saurait trop prévenir les jeunes esprits. Pour comprendre la science juridique, — et ici il n'y a pas de distinction entre le droit public et le droit privé, — il faut d'abord en parler la langue. M. CHARVET, en parlant de l'Assemblée de 1302, qualifie de *plèbe* les représentants des villes royales; dénomination qui ne les eût guère flattés. Dans un autre passage, il semble s'imaginer que les coutumes rédigées du XVᵉ aux VIᵉ siècle étaient des textes de droit public, de nature, par exemple, à pouvoir contenir des réglementations électorales. M. Charvet semble ainsi ignorer totalement ce qu'étaient les coutumes locales, rédigées ensuite de l'édit de Montils-lez-Tours ou des textes postérieurs. Dans les provinces d'origine austro-bourguignonne et réunies au royaume postérieurement à Louis XIII, les coutumes locales contiennent plus de droit public que les coutumes françaises, mais ces coutumes n'avaient aucun point de contact avec le sujet qu'avait à traiter M. Charvet et ce n'est pas à elles qu'il paraît faire allusion. M. Charvet n'aime pas la procédure parlementaire : la rédaction des cahiers, le vote, toutes ces questions sont traitées trop brièvement. Il est très libéral, mais d'un libéralisme rétrospectif trop accentué : pour lui, dès le XIVᵉ siècle, le roi ne peut percevoir l'impôt qu'à la suite du vote des États. Cette affirmation dogmatique est beaucoup trop absolue. La théorie de la représentation des groupes, celle de la représentation des intérêts, eussent demandé des rapprochements avec le droit moderne que M. Charvet n'a pas faits. Enfin, sa grande lacune est celle-ci : il ne se doute pas qu'il y a eu en France, surtout au XVIᵉ siècle, des publicistes qui ont beaucoup écrit sur le rôle des États généraux, question d'actualité à la veille des grandes questions politiques qui se posèrent au moment de la Ligue et de la disparition de la branche des Valois.

Les compositions suivantes nous retiendront bien moins longtemps ; elles sont bien inférieures à la première ; quelques-unes sont franchement nulles. La Faculté a pourtant pu récompenser les compositions de MM. VIALATOUX et PASSENAUD, dont le mérite ne diffère pas sensiblement. Ces deux compositions pèchent par absence ou mauvaise conception de plan. M. VIALATOUX, admirateur de l'adage : *Bis repetita placent*, revient à deux reprises sur le principe de la représentation des classes et des intérêts ; tout en reconnaissant lui-même qu'il n'y a aucun lien entre les Assemblées germaniques et nos États généraux, il est sans doute tellement admirateur des premières qu'il juge utile de nous en entretenir. M. PASSENAUD, il faut l'en louer, s'est cantonné dans le sujet et n'en sort pas. Mais il ne met pas plus d'ordre dans son exposition que le précédent concurrent. Ces deux copies sont trop brèves sur l'histoire des États généraux, sur la composition des Assemblées de bailliage. Quant au mode de vote employé dans les États eux-mêmes, mutisme presque absolu. Rien sur les théories des publicistes du XVIe siècle. Malgré ces défauts, les deux compositions sont honorables et méritent un succès d'estime : elles contiennent de sages développements sur le principe du mandat civil, sur les attributions des États. Des lacunes assez graves sur le rôle administratif et surtout financier de ces Assemblées représentatives ont entraîné la défaite de M. PASSENAUD. Cet auteur a, du reste, des négligences de style par trop outrées. Voici comment M. PASSENAUD déplore la non-réussite des États de 1614 : « Les prétentions des États irritèrent Marie de Médicis, qui sut les dissoudre d'une drôle de façon. » M. PASSENAUD a une conception plutôt gaie de l'histoire et traite en badinant les événements les plus sérieux. C'est une méthode comme une autre, mais il fera bien de s'en défier.

Parmi les compositions évincées, la Commission ne veux pas passer entièrement sous silence celle qui a pour devise : *Stéphanois, Droit.* Le bénéficiaire de cette mention toute platonique, puisqu'elle demeure anonyme, n'est pas sans avoir montré quelques connaissances intermittentes sur le sujet, mais aucune idée n'est suffisamment développée. A côté de cela, vice déjà signalé chez un de ses co-concurrents, des digressions aussi prolongées qu'inutiles sur les Assemblées de la Monarchie franque et sur les grands officiers de la Couronne, et des erreurs historiques énormes. L'auteur, comprenant mal le nom d'*élus* donné aux fonctionnaires financiers établis à la suite des États tenus pendant la captivité du roi Jean, s'imagine qu'ils demeurèrent à la nomination des États généraux jusqu'à la fin de l'ancien régime, ainsi naturellement que les généraux de Finances. C'est ici un roman historique qui suffirait à disqualifier la meilleure composition.

CONCOURS DE DROIT ROMAIN

Le sujet était le suivant : *Du terme extinctif et de la condition résolutoire dans les contrats.* Le sort avait désigné la moins aisée des trois questions choisies par la Faculté, Il ne pouvait être question pour les concurrents d'appeler exclusivement leur mémoire à la rescousse et de reproduire une tranche de cours ; il fallait concentrer des notions étudiées par le professeur dans des parties très distinctes de son enseignement. Il y avait cependant là un cadre naturel, qu'il n'était pas trop difficile de trouver. Dans une première partie, on aurait pu distinguer le terme de la condition en général, préciser la notion du terme extinctif et de la condition résolutoire, montrer qu'elle n'est au fond qu'une condition suspensive affectant la résolution de l'acte, la distinguer aussi de la condition purement extinctive, en définitive discerner la différence entre éteindre un droit pour l'avenir et le résoudre rétroactivement dans le passé.

Après cette première partie, consacrée aux notions générales, on aurait, dans une deuxième partie, étudié les applications pratiques du terme extinctif et de la condition résolutoire. Le terme extinctif n'aurait pas retenu bien longtemps les concurrents ; inséré dans une stipulation, il n'a point d'effet *jure civili*, mais vaut comme pacte et produit *jure prætorio*, une exception.

Autrement importantes sont les applications de la condition résolutoire dans les contrats consensuels et surtout dans l'*emptio-venditio*, où nous rencontrons les clauses bien connues de la *lex commissoria*, de *l'in diem addictio* et du *pactum displicentiæ*.

Quel est l'effet de ces clauses, soit *inter partes*, soit à l'égard des tiers ? Le vendeur n'a-t-il, pour les sanctionner, que des actions personnelles contre l'acheteur, ou bien peut-il employer la *rei vindicatio*, et, s'il peut revendiquer, est-ce parce que la propriété lui revient de plein droit, ou bien parce que, suivant une doctrine qui rencontre beaucoup d'adhérents, il n'a pas cessé d'être propriétaire, le prix n'étant jamais, dans les hypothèses prévues, intégralement payé? C'est là une question qui n'est pas nouvelle; elle est classique. Il restait enfin à montrer comment la condition résolutoire apporte une modification à la théorie des risques. Controverse également classique.

Bien que toutes ces questions fussent des questions de principes, qui doivent être familières à de simples candidats à l'examen, la Commission, après avoir pris connaissance des compositions remises, n'a pu en trouver aucune digne d'être récompensée. Aucun des concurrents n'a entrevu le sujet, aucun n'a paru se douter que l'étude des conditions résolutoires dans la vente en constituait la partie la plus longue et la plus importante. Un seul des concurrents, l'auteur de la composition portant les devises : *Labor improbus omnia vincit*, et *Toujours avant*, après avoir consacré quatre pages aux bagatelles de la porte, a fini, non pas par traiter, mais par indiquer sommairement en une page et demie les questions essentielles du sujet. Il ne peut pas dire comme l'Intimé :

> Mais le premier, Monsieur, c'est le beau.

Au contraire, la seconde partie renfermait les plus belles questions. Du reste, notre auteur anonyme n'aborde cette deuxième partie qu'en tremblant : on voit manifestement qu'en entrant dans son sujet, il a peur d'en sortir. Cette fausse conception étonne ; il faut parler de la condition résolutoire dans les contrats ; or la vente n'est-elle pas un contrat, et même le contrat le plus pratique, où la condition résolutoire présente ses plus fréquentes applications ? Le sujet était, dans cette copie anonyme, réduit à un bref résumé. La première partie, la plus verbeuse, n'était pas sans défaut : elle contient des hors-d'œuvre, comme la distinction entre la condition véritable, événement futur, et l'événement passé, mais que les parties ne connaissent pas encore ; on y trouve aussi des obscurités et une étourderie véritable : pourquoi supposer que le terme extinctif puisse être inséré dans l'intérêt du créancier ?

Cette composition insuffisante est la seule qui ait entrevu le cœur du sujet : doit-elle profiter de la nullité absolue des autres et obtenir une mention honorable au seul titre de supériorité relative ? La Commission ne l'a pas pensé : pour maintenir le niveau des concours, il faut exiger que les compositions récompensées aient une valeur absolue. La Commission a donc conclu à un procès-verbal de carence.

Les autres compositions avaient déjà été éliminées sans hésitation, mais non sans regret, car plusieurs révèlent chez leurs auteurs des talents qui sauront prendre leur revanche.

Leur principal défaut consiste dans l'omission complète de la condition résolutoire dans la vente ; de

plus, elles présentent des obscurités et des erreurs, que
nous devons brièvement signaler.

La composition ayant pour devise: *Tout homme a
deux pays, le sien et la France,* suppose bien à tort
que les droits réels conférés par un propriétaire à terme
extinctif resteraient valables après l'arrivée du terme.
Comment donc pourrait-il transmettre des droits plus
durables que le sien? Enfin, l'auteur transporte
maladroitement en droit romain la condition résolutoire
tacite établie en France par l'article 1184.

Même erreur dans la composition :

  O fortunatos nimium, sua si bona norint,
    Agricolas!

L'auteur en commet encore une autre bien étrange.
Il s'imagine que la nullité du terme; *usque ad kalen-
das* , inséré dans une stipulation, vient de ce que ce
terme est trop vague. Il y voit un atermoiement
indéfini. Mais il ne s'agit pas ici des calendes grecques
auxquelles fait allusion le lièvre de la Fontaine,
lorsqu'il renvoie les chiens,

      Et leur fait arpenter les landes.

Nous sommes à Rome, où les calendes, les tristes
calendes, comme disaient les débiteurs, forment de
trop positives échéances. Néanmoins, que l'auteur de
cette composition ne se décourage pas trop : son travail
contient des passages bien réussis qui permettent
d'espérer des succès ultérieurs.

Encouragements aussi à la composition qui porte

pour devise : *Nonnunquam pro republica, semper pro patria* : elle contient de bonnes parties, lorsque, par exemple, elle met en parallèle l'obligation sous condition résolutoire et l'obligation à terme extinctif, que l'auteur compare ingénieusement à un ressort dont la force s'épuise au bout d'un certain temps. Mais quelles disproportions ! quatre lignes seulement sur la condition résolutoire, et des digressions indéfinies sur le caractère incertain du fait pris comme condition. A l'égard de ce caractère, l'auteur fait preuve d'un scepticisme désespérant. Tout est incertain pour lui, même les phénomènes astronomiques. Dans ces sciences, dit notre sceptique, il n'y a que des probabilités ; seules les vérités mathématiques ne présentent aucune incertitude. Pour ce pyrrhonien endurci, tout le reste est incertain : c'est l'éternel adage castillan : *Quien sabe ?* Cette composition serait plus à sa place dans un commentaire de l'entretien de Pascal avec M. de Saci que dans une étude sur le terme extinctif.

Les deux autres compositions sont absolument nulles : l'expression est sévère, mais il n'y en a pas d'autre à employer.

C'est la première fois que la Faculté est en présence d'un résultat aussi peu satisfaisant ; espérons que ce n'est qu'une situation passagère.

CONCOURS D'ÉCONOMIE POLITIQUE

La générosité de la Société d'économie politique et d'économie sociale de Lyon permet en première année l'organisation d'un troisième concours: celui-ci entre les auditeurs du cours d'économie politique. Le sujet donné était la maxime : *Laissez faire, laissez passer*, sujet ultra-classique s'il en fut, tellement classique qu'il paraît presque inutile d'en rappeler le plan dans ce rapport. Les candidats auraient dû, dans une introduction, rappeler l'état des esprits en matière économique au milieu du xviiie siècle, — système mercantile, balance du commerce, système de Law, — puis naissance du système physiocratique qui prétend substituer aux systèmes antérieurs la recherche et l'application des lois naturelles. Après l'exposé de la maxime physiocratique venait naturellement l'étude des objections générales élevées contre cette maxime. La doctrine physiocratique n'est-elle pas trop absolue? — Et les objections pouvaient se partager en deux groupes: objections contre la liberté du travail : objections contre la liberté des échanges. Les élèves auraient pu alors suivre dans l'histoire de la fin du xviiie siècle et du siècle qui s'achève les diverses évolutions, soit doctrinales, soit législatives, relatives à la liberté du travail et à celle des échanges. Nous ne reprendrons pas ici ce schéma historique qui est présent à la mémoire de tous; il est probable toutefois qu'il n'était pas présent à la mémoire des concurrents. Les compositions remises ont été tout à fait médiocres et ce concours est le moins satisfaisant de tous les concours d'économie politique.

La première année n'a donc pas été heureuse cette année ; il faut espérer que cette génération d'étudiants se relèvera par la suite. On peut dire que la médiocrité excessive des concurrents de droit romain a sauvé ceux d'économie politique. La Commission n'a pas voulu que la même année comptât deux échecs complets; aussi, à défaut de la supériorité véritable qui ne se manifestait pas, a-t-elle dû se contenter, pour cette année, vu le malheur des temps, de récompenser des compositions d'un mérite tout relatif. Le premier prix n'a pas pu être décerné.

M. NOIRCLERC obtient le second prix avec une composition qui n'a guère que des mérites négatifs : il ne s'est pas trop écarté du sujet, il ne commet que des erreurs de détail ; du reste sa composition est sèche et laconique et la fin quelque peu confuse.

M. PASSENAUD, déjà lauréat du concours d'histoire, obtient une première mention. Cet auteur nous donne, sur l'organisation du travail dans l'antiquité, des renseignements qu'on ne lui demandait pas. Son étude sur les diverses branches de compagnonnage n'a rien à voir avec le sujet demandé. Il ne fait pas suffisamment connaître les motifs qui ont pu inspirer diverses mesures protectrices du travail et il a bien d'autres lacunes. C'est à son style, alerte et d'une lecture attachante, qu'il doit sa mention.

M. PARIS obtient une deuxième mention. Est-ce un travail d'économie politique qu'il a prétendu remettre? Il n'y paraît guère en le lisant. On croirait être en présence d'un mémoire sur le régime pénitentiaire dans l'antiquité, mémoire panaché de digressions sur l'esclavage et l'érudition littéraire moderne. M. PARIS nous entretient, en effet, de l'*ergastulum,* de la race servile de Salammbo. Un peu plus, et nous arrivions à l'histoire intéressante de Bouvard et de Pécuchet. M. PARIS nous paraît être l'un de ces esprits trop nombreux qui ne voient dans l'économie politique qu'un cadre aimable à des variations littéraires.

Trois nominations suffisent amplement au concours d'économie politique. L'auteur du mémoire : *Ne pas monter trop haut,* aurait pu aspirer à une récompense, s'il n'avait pas oublié la moitié du sujet et s'il n'avait pas mis à l'actif de Turgot la suppression des douanes intérieures. Cette affirmation n'est pas, du reste, une erreur impardonnable. Si Turgot ne parvint pas à supprimer les douanes intérieures, c'est que des obstacles puissants se dressèrent contre sa volonté, obstacles qui n'ont pas tous disparu, puisque, cent vingt ans après la mort de Turgot, la France n'a pas encore pu établir partout le cordon de ses douanes à sa frontière.

On trouve encore de bons passages dans d'autres compositions; mais combien d'affirmations erronées, d'erreurs historiques ! Un des concurrents confond la Constituante avec la Convention ; un autre prête à Thomas Morus des idées que ne soupçonnait pas cet auteur, auquel l'imagination pourtant ne manquait pas.

En résumé, concours très peu satisfaisant : la génération qui va entrer en deuxième année se doit à elle-même une belle revanche en 1900.

CONCOURS ENTRE LES ÉTUDIANTS DE DEUXIÈME ANNÉE

CONCOURS DE DROIT CIVIL

Le sujet proposé aux étudiants de deuxième année était: *La théorie générale de la confirmation.* Bien qu'une théorie définitive des nullités n'ait pas été construite, il est assez généralement admis qu'il faut bien se garder de confondre les actes nuls de plein droit et les actes annulables. L'une des principales différences entre ces deux catégories d'actes, c'est que, dans le cas de nullité, aucun des intéressés ne peut priver les autres par sa seule volonté du droit que, comme lui, ils ont d'invoquer la nullité, tandis que, dans le cas d'annulabilité, les personnes auxquelles la loi a restrictivement accordé le droit de faire tomber l'acte peuvent renoncer à leur action en nullité et par cette renonciation rendre l'acte aussi solide que si, dès son origine, il eût été régulier. En d'autres termes, la nullité ne peut pas se couvrir par une confirmation, tandis que la confirmation peut valider l'acte qui était primitivement annulable.

Les concurrents avaient à dire dans quels cas il y a confirmation et quels effets elle produit. Treize mémoires ont été remis: neuf sont récompensés.

Dans le classement qu'il a eu à faire de travaux rédigés à des points de vue très divers, mais attestant tous de sérieuses études, le jury a principalement tenu compte des qualités de méthode dont les concurrents ont fait preuve. On ne peut pas demander à des étudiants de deuxième année d'avoir beaucoup d'idées personnelles ; on ne peut pas toujours leur reprocher bien sévèrement quelques erreurs dans un sujet touchant à de nombreuses parties du droit ; mais on peut espérer qu'ils classeront méthodiquement les souvenirs par eux gardés de l'enseignement qui leur a été donné. L'impression causée par la lecture des treize compositions a été satisfaisante et la satisfaction se manifeste par le nombre des mentions décernées.

Le premier prix est attribué à M. LAFONT, qui a remis une excellente dissertation, œuvre d'un esprit net, qui a su voir l'essentiel des choses entendues au cours et qui a bien proportionné les développements à l'importance des questions traitées. Si l'on fait abstraction d'une dernière page consacrée aux effets de l'action en nullité, véritable hors-d'œuvre dans un traité de la confirmation, M. Lafont n'a droit qu'à des éloges.

M. DULLIN, qui obtient le deuxième prix, a des qualités qui rappellent celles de M. LAFONT. Comme lui, il a le sens de la proportion et mesure les développements qu'une question comporte relativement à une autre. Mais les divisions du sujet sont moins nettes : parfois aussi un détail est trop mis en lumière au détriment de l'idée directrice.

Une première mention honorable est attribuée *ex æquo* à MM. MARCOUX et SAUZAY, qui se recommandent par des mérites dont le jury a tenu à montrer l'importance. Mais, dans leurs compositions, à côté de très bonnes parties, on rencontre déjà des parties faibles et même des confusions.

A la première lecture, la dissertation de M. GILARDIN laisse une impression favorable, tant elle est claire et bien distribuée. Ce qui nous a obligés à la rejeter au cinquième rang, c'est qu'elle contient une très grave erreur sur la lésion de plus des sept douzièmes. M. GILARDIN croit que la rescision a été établie uniquement dans l'intérêt des mineurs, et, par conséquent, il en refuse le bénéfice aux majeurs. Il méconnaît ainsi, d'un seul coup, deux grandes règles de droit : c'est précisément en faveur des majeurs que la rescision pour lésion de plus des sept douzièmes a été instituée. Aux termes de l'article 1305, quand il s'agit des mineurs, la simple lésion suffit pour faire annuler les actes qui excèdent leur capacité. L'exposé des droits des tiers est d'ailleurs assez incomplet.

M. Paul APPLETON a beaucoup étudié et il a tiré de ses lectures un réel profit : ses connaissances sont évidemment très étendues. Mais il ne sait pas résister au désir de montrer combien il est merveilleusement préparé à répondre sur beaucoup de questions, lors même que ces questions ne se rattachent qu'indirectement à la théorie générale qu'il doit exposer. Qu'il rencontre sur sa route l'article 892 spécial à la rescision en matière de partage, immédiatement il examinera, avec détails, quatre difficultés que la doctrine et la jurisprudence ont eu à discuter et à résoudre à propos de cet article. Dans ses excursions à droite et à gauche du sujet, il y a bon nombre d'erreurs ou de proposi-

tions contestables : elles ont pour excuse la rapidité de
la rédaction. Ce qui est plus grave, c'est que, tout en
multipliant à l'excès les divisions et les sous-divisions,
l'ensemble est resté confus. Un plan bien arrêté et
limité du sujet a fait défaut. Si M. APPLETON l'avait
tracé nettement dès le début, il eût évité les reproches
que nous lui adressons.

MM. DAMEZ et PATOUILLARD *ex æquo*, et enfin
M. Georges LÉVY, nous ont paru encore mériter des
distinctions. Les inégalités de leurs compositions expli-
quent les premières divergences des membres du jury.
M. LÉVY a été un instant présenté comme l'un des
meilleurs concurrents, tandis que son élimination était
proposée par un autre juge. Ces divergences ont
abouti à une transaction : une mention honorable sera
décernée à raison des qualités incontestables dont les
étudiants récompensés ont fait preuve ; mais cette
mention ne viendra qu'en dernier lieu pour montrer
que le succès doit être le prix d'un mérite constant, et
se manifestant autrement qu'à de plus ou moins longs
intervalles.

CONCOURS DE DROIT CRIMINEL

Le sujet était celui-ci : *De l'autorité de la chose
jugée par les juridictions d'instruction*, sujet exclu-
sivement-juridique et mettant en jeu la comparaison
des deux institutions suivantes : d'une part, celle des
juridictions d'instruction et celle des juridictions de
jugement; d'autre part, le caractère distinct des déci-

sions rendues soit par les premières soit par les secondes. Six compositions ont été remises. Leurs auteurs ont généralement compris le sujet. Mais trois seulement se caractérisent par un état de supériorité absolue. Les trois lauréats sont MM. MOREAU, APPLETON et JAY.

La composition de M. MOREAU est excellente à tous égards. Le sujet est complètement traité, et aussi bien dans son ensemble que dans ses moindres détails. Après avoir brièvement indiqué, au double point de vue historique et sociologique, le fondement de l'autorité qui s'attache à la chose jugée, l'auteur examine brièvement quel doit être le caractère d'une décision judiciaire pour qu'on puisse lui reconnaître le caractère qui s'attache à la *res judicata*. Voilà pour la partie générale ; voici maintenant dans quel ordre l'auteur s'attache à la partie spéciale de son sujet. Il commence par examiner l'effet des ordonnances et des arrêts de non-lieu, il indique nettement le caractère d'autorité provisoire de ces décisions, il analyse ensuite le caractère des charges nouvelles. Quand y a-t-il charges nouvelles? Qui devra poursuivre dans ce cas, et devant quelle juridiction? L'inculpé bénéficiaire d'un non-lieu motivé sur l'insuffisance des charges aurait-il le droit, en invoquant un fait nouveau, de demander la réouverture de l'instruction pour établir son innocence? Quelles seraient les conditions de l'exception de chose jugée opposée à la reprise d'instance sur charges nouvelles? Autant de problèmes complexes que l'auteur résout avec autant de netteté que d'exactitude. L'effet des ordonnances et arrêts de renvoi est l'objet de la seconde partie de ce remarquable travail. L'auteur explique très bien que ce sont là de simples décisions préparatoires qui n'ont, en principe, aucune autorité que celle qui résulte de leur nature : la *saisine* du Tribunal de renvoi. Après avoir considéré le caractère de ces décisions, l'auteur examine leur effet en ce qui concerne la recevabilité de l'action publique, la qualification de l'infraction, la culpabilité, la compétence. A ce dernier point de vue, les effets du renvoi devant les Tribunaux correctionnels ou devant les Cours d'assises sont très nettement séparés ; l'ordonnance ou l'arrêt de renvoi est indicatif de compétence dans le premier cas, attributif dans le second. La dernière partie de l'excellent travail de M. MOREAU est consacrée à la célèbre question de l'influence de la chose jugée au civil sur le criminel et à celle de la chose jugée au criminel sur le civil, dans ses rapports avec les décisions des juridictions d'instruction. L'auteur est le seul, parmi ses concurrents, à avoir complètement élucidé ce difficile problème. Tout ce que nous venons de dire de la composition de M. MOREAU montre que nous sommes en présence d'une des meilleures dissertations dont la Faculté ait gardé le souvenir. Ajoutons que la forme vaut le fond ; le style de M. MOREAU est bien simple, c'est celui qui convenait à la matière.

La composition de M. Paul APPLETON obtient le second prix. M. APPLETON a bien compris le fond du sujet, il n'a commis aucune erreur grave. Mieux que tous ses concurrents, M. APPLETON a classé les différences qui séparent les juridictions d'instruction et les juridictions de jugement, au point de vue de leur mission. Mieux que tous ses concurrents, il a exposé la distinction classique entre les ordonnances et arrêts de non-lieu motivés sur l'insuffisance des charges et les mêmes décisions motivées en droit. Sur ces deux points, M. APPLETON vient incontestablement en première ligne. Il est également le seul qui ait cru devoir comparer les effets d'un acquittement et ceux d'un non-lieu. Malheureusement, la composition de M. APPLETON renferme quelques hors-d'œuvre, notamment sur les conditions de l'exception de chose jugée. Ce qui est plus grave que les hors-d'œuvre, ce sont certaines omissions : M. APPLETON ne se préoccupe pas des effets de la chose jugée par les juridictions d'instruction sur l'action civile née du même fait.

Ce sont là péchés véniels ; la composition de M. APPLETON est un excellent travail, bien digne du brillant lauréat de l'année dernière, et aux petites imperfections de détail qui se trouvent dans sa composition, on peut répondre par l'adage : *De minimis non curat prætor*.

Une mention honorable est accordée à M. JAY. Le travail de ce troisième lauréat est avant tout un travail méthodique.

Si *Ce qui se conçoit bien s'énonce clairement*, on peut être certain que M. JAY a fort bien compris son sujet. Mais il ne suffit pas de comprendre le sujet : il faut le développer, et M. JAY est ennemi de la prolixité. C'est une qualité, à la condition qu'elle ne soit pas poussée à l'excès : c'est son amour de la concision qui a perdu M. JAY et l'a relégué au troisième plan. Nous ne serons pas prolixes avec lui qui l'est si peu. Sa composition est bonne, mais trop sèche ! Que M. JAY apprenne l'utile science du délayage : elle est bonne à pratiquer quand on s'y adonne sans exagération.

CONCOURS ENTRE LES ÉTUDIANTS DE TROISIÈME ANNÉE

CONCOURS DE DROIT CIVIL

Les étudiants de troisième année ont eu à traiter en droit civil : *De la succession de l'ascendant donateur*.

Si on se borne à étudier en lui-même le droit, que l'art. 747 du Code civil accorde à l'ascendant, de succéder, seul et à l'exclusion de tous autres, aux choses par lui données à son descendant décédé sans postérité, les difficultés que l'on rencontre ne sont pas insolubles. Quel est le caractère du droit que le Code attribue à l'ascendant ? Quels ascendants peuvent s'en prévaloir ? Quels descendants y font obstacle ? Dans quels cas et sous quelles conditions peut-il être réclamé ? Quels effets sont attachés à son exercice ? Sur tous ces points, des solutions assez précises et satisfaisantes peuvent être données, lors même que, dans la doctrine et dans la jurisprudence, les controverses n'ont pas cessé.

Mais, si l'on essaie de combiner le droit de succession de l'ascendant donateur avec le droit qui peut appartenir à un autre ascendant héritier réservataire, on se heurte à des problèmes très arides, résultant non seulement d'une contradiction, au moins apparente, entre le texte de l'art. 747 et celui de l'art. 929, mais encore du conflit d'intérêts, également respectables, qu'il est impossible de concilier. La loi du 9 mars 1891, qui attribue au conjoint survivant un droit d'usufruit sur la succession de l'époux prédécédé, est venue encore augmenter la difficulté (1). Les biens de la succession anomale doivent-ils être réunis aux autres biens du *de cujus* pour le calcul, soit des réserves et des quotités disponibles, soit des jouissances accordées aux conjoints? Cette partie du sujet fournissait aux concurrents une occasion favorable pour montrer l'acuité de leur sens juridique et leurs qualités de méthode et d'exposition. Nous avons le regret de constater que, des douze étudiants qui ont pris part au concours, deux seulement ont pensé à l'article 922, et qu'aucun ne s'est occupé de l'article 767. Les dix autres n'ont pas abordé la tâche laborieuse que nous leur proposions; on serait porté à croire qu'ils ne l'ont pas même entrevue, tant ils s'abstiennent d'y faire allusion. Presque tous commentent, avec une science très digne d'éloges, en pénétrant dans les moindres détails, l'article 747; mais ils se confinent dans ce texte et évitent de le rapprocher des textes contraires. Des deux concurrents plus avisés qui ont pensé à l'article 922, un seul, M. LAFAY, a bravement abordé la difficulté. L'autre, M. PEY, n'a pas très longuement

(1) Voir Nancy, 29 juillet 1895, S., 95, 2, 293. — Poitiers, 15 mai 1899, S., 99, 2, 160.

insisté. Est-ce seulement, comme il l'a dit, parce que, à ses yeux, la question est un peu secondaire? Il donne de sa prudence un autre motif curieux à noter : « J'ai fait de mon mieux pour assurer à ma dissertation la correction et surtout la clarté; je ne veux pas changer brusquement de méthode et sacrifier la limpidité de l'exposition à une malsaine érudition! » Érudition malsaine! celle qui permet de juger, sans trop d'hésitation, des prétentions rivales dont la pratique offre beaucoup d'exemples et sur lesquelles les tribunaux ont fréquemment statué! M. PEY nous permettra de croire que, s'il n'a pas appliqué à la conciliation des articles 747 et 922 ses incontestables habitudes de composition claire et limpide, c'est qu'il n'avait pas une vue parfaitement nette du sujet et que son érudition était en défaut.

Cette part faite à la critique, nous adresserons aux douze concurrents un éloge bien mérité en disant que tous ont fait preuve, dans leurs développements du texte de l'article 747, des plus sérieuses études. Les compositions qu'ils nous ont remises présageaient le beau succès que trois d'entre eux ont obtenu dans le concours général, et auquel nous avons fait allusion au début. La Faculté ne pouvait pas les couronner tous, mais elle a décerné deux prix et cinq mentions honorables. On jugera de la valeur des vainqueurs et de celle des vaincus par ce seul fait que deux des éliminés figurent sur la liste des lauréats du Concours général.

Par ce que nous avons déjà dit, nous avons laissé entendre que M. LAFAY devait être classé au premier rang. Il connaissait très bien, autant que tous ses concurrents, l'article 747, et il a eu, de plus qu'eux, le mérite de penser aux conflits possibles entre l'ascendant donateur et un autre ascendant réservataire. Il s'est même occupé de ce conflit, non seulement pour le cas où les deux ascendants sont seuls en présence, mais encore pour l'hypothèse où ils se heurtent à des légataires qui prétendent au maximum de la quotité disponible. La dissertation de M. LAFAY, exempte d'erreurs, d'un style aussi sobre que correct, fait grand honneur à notre jeune licencié.

M. PEY, lors même qu'il aurait été plus hardi à traiter les questions que soulève l'article 922, aurait difficilement enlevé le premier prix à M. LAFAY. Presque toujours excellente au fond et en la forme, sa composition est déparée par deux ou trois observations un peu enfantines. Est-il besoin de dire que l'article 747 ne pourrait pas être invoqué par un ascendant testateur? Il avoue lui-même que la question est naïve. Plus naïve encore la remarque que l'ascendant doit être dans les conditions de viabilité requises pour succéder. Le temps perdu à de tels enfantillages eût été plus utilement consacré à la démonstration de l'idée par laquelle peut être justifiée la succession de l'ascendant à la créance du prix du bien aliéné ou à l'action en reprise de ce bien.

M. VUCHOT, qui obtient la première mention, était, comme MM. LAFAY et PEY, très bien préparé pour répondre sur toutes les questions qu'a soulevées le texte de l'article 747. S'il vient seulement au troisième rang, c'est d'abord parce qu'il ne paraît pas avoir songé aux controverses que soulève le rapprochement de cet article 747 avec l'article 922. C'est aussi parce que sa dissertation est, en la forme, moins élégante, moins correcte que les œuvres de ses heureux rivaux.

Les trois compositions qui viennent d'être récompensées portaient toutes les trois l'empreinte de l'enseignement donné dans la Faculté. Sans rien sacrifier de leur originalité, les trois lauréats avaient tenu grand compte des leçons de leur maître, et celui-ci, qui figurait parmi leurs juges, a été vraiment satisfait en voyant si bien comprises et si fidèlement reproduites ses expositions orales.

Bien différente est la composition qui obtient la deuxième mention. Son auteur, M. DUMAS, s'est presque exclusivement inspiré d'un livre qui jouit, à bon droit, d'une grande faveur parmi les étudiants. Il suit pas à pas M. Baudry-Lacantinerie, se servant souvent des expressions de notre honorable collègue. C'est à lui, par exemple, qu'il a emprunté cette formule que, dans les pays de droit écrit, le retour légal se rattachait au droit des obligations. Il insiste sur les questions que son guide préféré a développées; il passe rapidement sur celles qui sont simplement indiquées. A-t-il tenu suffisamment compte des critiques auxquelles a donné lieu le procédé d'argumentation par lequel les enfants naturels sont entièrement sacrifiés par égard pour l'ascendant donateur? A-t-il jugé décisifs les arguments qu'il invoque pour refuser aux pères et mères naturels tout droit à la succession anomaie ? En tout cas, à part deux observations inexactes sur l'article 765, la dissertation de M. DUMAS est bonne et le travail dont elle fournit la preuve est justement récompensé.

M. PARET, qui obtient la troisième mention honorable, aurait pu prétendre à un rang meilleur s'il se fût confiné dans le sujet qu'il avait à traiter et qu'il devait bien connaître. Mais il a eu le tort de consacrer une partie du temps limité qui lui était accordé à un autre sujet auquel la Faculté n'avait pas songé. En l'invitant à parler de la succession de l'ascendant donateur, nous avions seulement en vue le cas où l'ascendant est appelé à recueillir les choses par lui données. M. PARET a voulu aller plus loin et étudier également le cas où, l'ascendant donateur mourant avant les donataires, les gratifiés qui viennent à la succession de cet ascendant doivent rapporter les biens qu'ils ont reçus de lui. Heureusement pour lui, M. PARET ne s'est pas trop longuement étendu sur l'hypothèse de l'ascendant donateur envisagé comme *de cujus;* il s'est surtout occupé de l'ascendant donateur envisagé comme successible. La Faculté, sans admettre la maxime : *Quod abundat non vitiat,* a tenu compte à M. PARET des qualités que révèle le bon côté de sa dissertation.

Il eût été regrettable que le nom de M. CHAPUIS, à qui le jury du Concours général a décerné le deuxième prix, ne fût pas inscrit sur la liste de nos lauréats en droit civil.

M. CHAPUIS a été déclaré digne d'une récompense, mais cette récompense est une simple mention. Un juge éminent a déjà observé qu'il semble que ce jeune homme, « au lieu de s'attacher à l'ensemble du droit civil, ait préféré de véritables études monographiques ». Il connaît à fond certains sujets, il est à peu près étranger à d'autres. Les développements qu'il donne au droit successoral de l'ascendant, développements qu'il a répartis entre dix-huit paragraphes, sont, çà et là, déparés par des solutions si extraordinaires qu'on en cherche vainement l'explication. Le droit de l'art. 747 est exclusivement attaché à la personne, si bien que les créanciers ne peuvent pas l'exercer ! Et la raison qui en est donnée prouve que l'auteur n'a pas compris l'art. 1166.

Une cinquième mention est attribuée à M. Henri RONGIER. Sa dissertation est, en général, très bonne. Malheureusement, il y a un long passage incompréhensible sur les motifs qui peuvent expliquer le privilège accordé à l'ascendant d'exclure sur les biens donnés d'autres successibles mieux traités dans la succession ordinaire. Il y a, en outre, une grave erreur, qui n'est pas accidentelle et qui est formulée à plusieurs reprises. L'ascendant succéderait non seulement au donataire mort sans postérité, mais encore aux enfants du donataire ! Cela est vrai pour l'adoptant, mais pas pour l'ascendant légitime.

Ce n'est pas sans regret que nous arrêtons ici la liste des mentions honorables pour le droit civil. Nous aurions pu l'allonger encore, les cinq autres compositions ayant toutes une valeur absolue suffisante pour justifier une récompense.

Un des travaux éliminés nous suggère toutefois une observation. Il est évidemment l'œuvre d'un étudiant très laborieux et suppose d'amples connaissances juridiques. La construction en est élégante. Le style évoque le souvenir des éloges décernés à l'un de nos derniers lauréats au concours général. Il a pris pour devise : *Honni soit qui mal y pense*, et cela nous oblige à croire qu'il a fait une composition sérieuse. On y lit pourtant qu'il faut refuser le droit de succession anomale au père et à la mère et ne l'accorder qu'aux ascendants du deuxième degré et des degrés ultérieurs. C'est vainement, on le comprend sans peine, que l'auteur essaie de justifier une pareille affirmation. Est-il raisonnable de se demander quel sera le droit de l'ascendant, quand le donataire aura aliéné le bien en stipulant à son profit une rente viagère ? Est-ce sérieusement que l'on suppose un ascendant auquel le bénéfice de l'article 747 devrait être refusé parce qu'il serait parent au delà du douzième degré ? Le cercle des controverses possibles est déjà si vaste qu'il serait dangereux de l'accroître encore par des hypothèses irréalisables.

CONCOURS DE DROIT COMMERCIAL

Les concurrents avaient à comparer, au point de vue de la législation actuelle, la lettre de change et le billet à ordre. C'était surtout un sujet de composition; le procédé par trop facile de la reproduction d'une tranche de cours n'était pas de mise ici. Il fallait rechercher et grouper les différences et les ressemblances essentielles entre ces deux effets de commerce. Les concurrents pouvaient procéder de la manière suivante : exposer dès l'abord les caractères communs à la lettre de change et au billet à ordre, ces deux écrits constituant l'un et l'autre des effets de commerce, soumis comme tels aux règles spéciales du droit du change, — ensuite examiner la forme différente des deux titres, l'un, la lettre de change, émis par le créancier sur son débiteur, l'autre, le billet à ordre, souscrit par le débiteur lui-même. Il fallait rechercher enfin le rôle commercial de la lettre de change et du billet à ordre, l'un et l'autre constituant des instruments de paiement et de crédit, la lettre de change servant en outre à l'exécution du contrat de change. Voilà au moins les idées dominantes du sujet. Les candidats ne sont pas parvenus à les dégager; la plupart se sont contentés d'énumérer, comme on le fait dans les manuels et les *Mementos*, les ressemblances et les différences entre la lettre de change et le billet à ordre. Cette méthode est trop facile pour être bonne : l'utilité des compositions, c'est d'apprendre à raisonner et la rédaction d'un tableau synoptique n'a jamais appris à raisonner.

Ce n'est pas à dire que de bonnes copies n'aient pas été remises. La meilleure est celle de M. LAFAY. Ce que sait le mieux M. LAFAY, c'est son commencement : le début de son travail est excellent. L'auteur met en relief le caractère d'effets de commerce de la lettre de change et du billet à ordre et il en déduit les conséquences. La suite n'est pas moins recommandable : dans la partie de sa composition consacrée à la forme de la lettre de change et du billet à ordre, l'auteur rattache très logiquement à la différence de forme les différences qui concernent les théories de l'acceptation et de la provision. Mais la partie du travail relative à la nature juridique des deux titres et à leur rôle respectif est sujette à critique au point de vue de la méthode. L'auteur a commencé par la fin et fini par le commencement, ce qui n'est pas un procédé à suivre ; il n'a pas vu que le caractère commercial de la lettre de change découlait à l'origine du contrat de change, opération commerciale : d'où nécessité logique de traiter du rôle de la lettre de change et du billet à ordre avant de discuter leur caractère juridique. Enfin, à la charge de M. LAFAY, une prétérition assez grave : l'auteur ne paraît pas se douter de l'existence du billet à domicile.

M. CURTIL s'empare du second prix, qui lui a été du reste disputé. M. CURTIL écrit d'un style clair, alerte, vif, parfois un peu recherché. Il faut, même dans le style, ne jamais oublier la *simplicitas legibus amica.* Certaines parties sont supérieurement traitées, notamment celle qui touche à la compétence. Mais M. CURTIL, à côté de cet actif honorable, a un gros passif ; il n'a fait qu'entrevoir les idées principales du sujet, et il n'a pas su les grouper.

M. JACQUIER, titulaire de la première mention, se présente avec une composition complète : aucune des questions importantes n'est omise et l'auteur fait un effort sérieux pour rattacher à des idées directrices les ressemblances et les différences de nos deux effets de commerce. Mais pas de méthode ! Toutes les idées disséminées, et, partant, manque absolu d'unité. Autre reproche : M. JACQUIER ne connaît pas bien la langue juridique, ou du moins il ne l'emploie guère dans sa définition des effets de commerce. Enfin, l'auteur a oublié de nous dire pourquoi la loi considère la lettre de change comme un acte essentiellement de commerce, qu'elle constitue l'exécution du contrat de change; c'est là la raison qui peut seule expliquer la différence juridique entre la lettre de change et le billet à ordre : cette raison, M. JACQUIER ne l'a pas aperçue.

Il est assez rare de voir une composition reléguée assez loin parce qu'elle est trop complète. C'est le cas de celle de M. VUCHOT. Elle souffre non pas d'anémie, ce qui est le *quod plerumque fit*, mais au contraire de pléthore. M. VUCHOT traite des questions qui n'ont aucun lien de parenté avec le sujet, ainsi la fixation des délais d'échéance, la théorie de la provision, les différentes espèces d'endossements, bref, toute la matière de la lettre de change, M. VUCHOT est peut-être partisan de l'adage: *Utile per inutile non vitiatur*. Tel n'a pas été l'avis du jury et notre auteur, malgré son savoir juridique incontestable, a risqué l'éviction complète.

M. BONNIAUD obtient, après hésitation du jury, une troisième mention. C'est un travail consciencieux, sans hors-d'œuvre, mais aussi sans grand intérêt ; toutes les questions principales sont à peu près indiquées ou entrevues, mais c'est une composition terne et monotone.

Les concours normaux de licence sont ici terminés. Mais la générosité de l'Association des Anciens Étudiants en Droit de l'Université de Lyon nous met en présence d'un nouveau concours de troisième année, portant sur le droit internationnal privé. Ce concours diffère des précédents dans sa forme extérieure ; il n'est pas fait en lieu clos ; il est le résultat d'une préparation libre.

CONCOURS OUVERT PAR L'ASSOCIATION DES ANCIENS ÉTUDIANTS EN DROIT DE L'UNIVERSITÉ DE LYON, ENTRE LES ÉTUDIANTS DE TROISIÈME ANNÉE, SUR UN SUJET DE DROIT INTERNATIONAL PRIVÉ.

La question était relative à l'*exequatur* des jugements étrangers en France, sujet difficile, mais sur lequel il y avait pléthore de documents. Les textes sur la matière sont les art. 2123 du Code civil et 546 du Code de procédure civile. Les difficultés commencent quand il s'agit de déterminer le caractère et l'objet de cette procédure spéciale.

Une première opinion, qui a joui longtemps d'un grand crédit, donnait au juge français auquel l'*exequatur* était demandé des pouvoirs analogues à ceux du juge étranger. Le juge, dans ce système, peut reviser au fond. Il ne doit donc conférer l'*exequatur* qu'à un jugement dont il peut s'approprier le dispositif.

Une deuxième opinion limite les pouvoirs du juge français : l'*exequatur* est obligatoire, sous la seule condition que le jugement ait été régulièrement rendu. Ici, limitation du rôle du juge français à un simple contrôle de la régularité des jugements étrangers. C'est cette seconde opinion qui a les faveurs de la jurispudence ; c'est elle que sanctionnent indirectement la convention de 1846 pour les rapports franco-badois, convention étendue en 1871 à l'Alsace-Lorraine, le traité franco-sarde de 1760, étendu un siècle après au nouveau royaume italien, enfin le traité franco-suisse de 1869.

Une opinion intermédiaire invoquait l'autorité de l'art. 121 du Code Michaud ; cette opinion, qui a eu son heure de faveur, n'est plus qu'historique.

La première opinion se comprend d'elle-même : elle a des conséquences d'une admirable netteté. Il n'en est pas de même de la seconde ; qu'est-ce au juste que l'*exequatur-contrôle*?

C'était sur cette difficulté que devaient porter les efforts des concurrents. On leur demandait de déterminer la différence entre les deux concepts et d'en déterminer avec soin les conséquences pratiques.

Les candidats devaient dire d'abord que le système de l'*exequatur-contrôle* n'est pas une simple opinion doctrinale, n'engageant que la responsabilité d'un professeur ; c'est un système de droit positif extrêmement précis, du moins pour les rapports de la France avec Bade, l'Alsace-Lorraine, la Suisse et l'Italie. C'est, en outre, un système très suivi dans la pratique étran-

gère. Au point de vue français, il s'agissait de généra-
liser ce système, auquel les textes des Codes ne font
aucune allusion. Il était indispensable pour cela de
connaître les solutions de la jurisprudence étrangère
et celles de la jurisprudence française, dans les rapports
entre la France et d'autres États que Bade, l'Alsace,
la Suisse et l'Italie. Il fallait aussi rappeler la jurisprudence française relative aux conventions avec les
États que nous venons de citer. On leur demandait
d'utiliser, pour construire un système français, des
matériaux étrangers, car la conception de l'*exequatur-
contrôle* dominait, par hypothèse, ce système français
et ces materiaux étrangers.

Se plaçant à ce point de vue, les concurrents eussent
immédiatement dégagé les cinq conditions auxquelles
est subordonnée la concession de l'*exequatur* en France
au jugement étranger : 1° la compétence du juge étranger ; 2° le respect des droits de la défense à l'étranger ;
3° l'approbation, par le juge étranger, des règles françaises du conflit des lois en litige ; 4° le respect, par le
juge étranger, des dispositions d'ordre public de la loi
française, quant au fond ; 5° enfin, le caractère exécutoire du jugement étranger, dans le pays où il a été
rendu.

Sur chacune de ces conditions, il y avait beaucoup
à dire. 1° La compétence du juge étranger s'appécie-
t-elle d'après les dispositions de la loi française ou de la
loi étrangère ? 2° Le respect des droits de la défense à
l'étranger se confond-il avec l'application de la *lex
fori* à la procédure du litige ? 3° Comment se justifie

l'exigence, par le juge français, du respect des règles
françaises sur les conflits de lois par le juge étranger?
4 Qu'entendre par le respect de l'ordre public français
par le juge étranger? 5° Pourquoi exiger que le jugement soit exécutoire dans son pays d'origine et quelles
complications cette règle peut-elle entraîner ?

Il fallait ensuite conclure. Le système de *l'exequatur-
contrôle* se ramène-t-il à la distinction dans le jugement étranger des deux effets de l'autorité de la chose
jugée et de la force exécutoire : la première ayant ses
effets indépendamment de *l'exequatur*, et la seconde
seule subordonnée à l'octroi de *l'exequatur?* Non,
évidemment; dans le système de *l'exequatur-contrôle*,
la seule différence entre la force exécutoire et l'autorité
de la chose jugée est celle-ci : l'autorité de la chose
jugée remonte, à l'égard de la France, à la date même
du jugement étranger, tandis que la force exécutoire
ne peut exister qu'à la date de la concession de
l'exequatur.

Un seul mémoire a été déposé. Un premier chapitre
de ce mémoire est consacré à des généralités banales
et sans intérêt; un second chapitre a trait à ce que
l'auteur appelle les principes rationnels; un troisième
est consacré à la jurisprudence internationale.

L'auteur n'utilise donc pas les monuments de jurisprudence étrangère pour édifier un système français;
au contraire, il prétend faire du droit international
privé comparé. Cette comparaison n'est qu'une juxta-
position : chaque législation est étudiée à la suite
d'une autre ; c'est un travail de marqueterie. Seul le

14

chapitre consacré aux principes dits rationnels mérite de nous arrêter ; encore ce chapitre débute-t-il par des généralités ; puis le travail devient plus intéressant. L'auteur s'occupe ensuite de l'ordre public, des questions de compétence, de celle du droit de la défense, de celle de la force exécutoire du jugement étranger dans son pays d'origine. Tout cela était utile à dire, mais il y a des doubles emplois, des répétitions, une confusion et un défaut de méthode. De plus, l'auteur néglige de s'appuyer sur les arrêts ; c'étaient pourtant là les véritables sources.

En résumé, pas d'idée directrice, absence de méthode, exposition chaotique, méconnaissance des sources, voilà les défauts du mémoire déposé. La commission a cependant pensé qu'il serait trop rigoureux de refuser toute récompense à l'auteur de ce mémoire. Il a fait un effort sérieux, c'est beaucoup ; en conséquence, l'auteur, M. Rougier, est déclaré titulaire d'une médaille de bronze.

CONCOURS DE DOCTORAT

Autrefois, il était de jurisprudence à peu près constante de ne pas briguer les médailles d'or offertes par l'État : il y avait grève de candidats, et la tâche du rapporteur en était d'autant simplifiée. Aujourd'hui, une évolution est commencée : les candidats s'aperçoivent qu'il y a un concours, s'informent du sujet, remettent un mémoire et obtiennent une mention honorable. Dans quelque temps, si l'évolution se continue normalement, la Faculté pourra décerner les médailles d'or.

Il y a eu deux concours de doctorat, l'un relatif au doctorat ès sciences juridiques, et l'autre au doctorat ès sciences politiques et économiques. Mais ce ne sont là que des qualifications officielles. Le sujet du concours de sciences politiques nécessitait des connaissances de droit civil, et le sujet juridique se rapportait en grande partie au droit administratif. Devons-nous en conclure que les diverses branches du droit, séparées de plus en plus par les programmes officiels, ont une tendance invincible à se rapprocher, à montrer qu'on ne peut guère les comprendre l'une sans l'autre ? *Que sçay-je?* aurait dit Montaigne, si la question lui avait été posée.

En tout cas, cette grave question, les auteurs des deux mémoires ne l'ont point résolue ; ils n'en sont encore qu'au moyen terme de l'évolution désirée, à la mention honorable, et leurs idées peuvent être encore empreintes d'un certain vague *in utroque jure.*

Pour rester fidèle aux traditions, nous commençons par le concours des sciences juridiques, qui renferme, du reste, comme nous l'avons dit, beaucoup de droit public.

Il s'agissait, dans l'espèce, de relater les modifications apportées à la législation préexistante par une loi récente, la loi du 8 avril 1898, sur le régime des eaux.

Nous n'avons pas l'intention d'analyser ici la loi nouvelle sur le régime des eaux, et nous vous renvoyons, Messieurs, au *Journal Officiel* ou au *Recueil* de Duvergier. Qu'il nous suffise de dire que c'est surtout une loi de codification. En droit administratif, elle a le tort de détruire à jamais de bien belles controverses, et seuls les théoriciens s'en plaindront. Le nouveau texte, qui porte à la fois sur le droit civil, sur le droit administratif et sur la procédure, n'a tenté qu'un seul concurrent, M. DE LEIRIS. M. DE LEIRIS a, du reste, suivi dans son mémoire la division tripartite indiquée plus haut, et il lui était bien difficile d'adopter une division plus logique. Ce travail est consciencieux, il ne contient pas d'erreur bien sérieuse ; mais il est lourd et inanimé, il manque à peu près complètement d'idées originales. L'esprit de synthèse lui fait défaut. Une mention honorable vient récompenser les travaux de M. DE LEIRIS.

C'est une autre mention honorable qui vient récompenser M. BIGALLET, l'auteur de l'unique mémoire présenté dans le concours politique et économique. Le sujet à traiter était celui des *Assurances agricoles*, et il demandait, certes, un labeur très soutenu. Le labeur, M. BIGALLET l'a fourni, cela est indiscutable. La composition est, en définitive, assez sérieuse et a dû lui coûter beaucoup de recherches. Le mémoire contient beaucoup de renseignements intéressants, beaucoup de statistique ; mais cette statistique est-elle toujours de bon aloi ? M. BIGALLET passe en revue les principales sociétés d'assurances agricoles ; il nous indique les primes qu'elles exigent. Le chapitre consacré à l'assurance des accidents agricoles est particulièrement intéressant. L'étude du présent n'est pas tout : un économiste doit s'occuper de l'avenir. M. BIGALLET, dans une seconde partie, passe en revue les différentes propositions législatives, qui, dans ces dernières années, ont été déposées, et qui tendent à donner à l'assurance agricole un caractère obligatoire; il fait, à ce sujet, malheureusement trop brièvement, une excursion dans le domaine de la législation comparée. Le travail de M. BIGALLET présente donc des qualités; mais la médaille a son revers : le style de l'auteur est à la fois négligé et d'une emphase prétentieuse et exagérée; la syntaxe française n'a, d'après lui, aucun rapport avec l'économie politique. Sans doute, un sujet aussi champêtre que celui des assurances agricoles a fait penser à notre auteur que la langue à employer devait être un peu rustique; il a oublié le *Silvæ sint consule dignæ* de Virgile. Mais, ce qui est beaucoup plus grave, c'est que M. BIGALLET ne nous dit pas ce que c'est qu'une Société d'assurance agricole, il ne nous en décrit pas le mécanisme juridique. C'est un très grand tort: n'oublions pas que l'économie politique ne saurait se passer de la science du droit.

CONCOURS ENTRE LES AUDITEURS
DU COURS DE LÉGISLATION COLONIALE

J'arrive maintenant au concours entre les auditeurs du cours de législation coloniale. La médaille d'argent offerte par la Société d'économie politique et d'économie sociale de Lyon devait tenter de nombreux concurrents. Deux seulement ont pris part au concours, et les deux compositions sont récompensées.

La question du *budget colonial*, posée dans ce concours, était complexe, comme toutes les questions de science financière. Elle se résumait dans les idées suivantes : Quelle part des dépenses des colonies faut-il mettre à leur charge ? Quelle part doit être à la charge de la métropole ? Il y a des dépenses d'ordre général, dites de souveraineté, qui doivent rester à la charge de la métropole ; d'autres qui se réfèrent à la vie propre des colonies et auxquelles elles doivent pourvoir. Il y avait peut-être lieu de parler ici de la députation coloniale au Parlement, dont la principale utilité consiste à enfler les dépenses métropolitaines. D'ailleurs la division bipartite dont nous venons de parler est excellente en théorie, mais où est le critérium ? Ici, les concurrents devaient consulter l'histoire et la législation étrangère. L'histoire montrait aux concurrents l'assimilation faite entre les colonies et les départements par le droit intermédiaire, la naissance du budget colonial sous la Restauration, une période d'autonomie jusqu'en 1841, un retour vers l'assimilation dans la seconde moitié du Gouvernement de Juillet, le régime dit des sénatus-consultes impériaux. Je n'insiste pas sur l'histoire contemporaine, elle consiste en une série d'évolutions en sens inverse et dont l'énumération complète serait fastidieuse ; nous félicitons les concurrents de nous l'avoir épargnée.

Mais, ce que je leur reprocherai, c'est d'avoir mis le

centre de gravité de leur composition dans les vieilles colonies, fort respectables assurément, mais dont la plupart sont pour la métropole, à l'heure actuelle, de simples points de relâche, de dépôt de charbon ou d'atterrissement de câbles télégraphiques, et d'avoir trop négligé l'immense empire colonial que nous a donné la troisième République, empire dont l'importance dépasse infiniment celle des vieilles colonies et dont les diverses parties ont déjà une histoire financière fort compliquée. De plus, certaines questions financières, les questions de voies ferrées notamment, ne se posent guère que dans les colonies de la troisième République; pour les vieilles colonies on ne peut guère citer que l'histoire du lamentable chemin de fer de la Réunion. Ne laissons donc pas de côté le magnifique empire que nous a donné le régime actuel.

Ces fortes réserves une fois faites, je n'hésite pas à reconnaître que M. JARAY a fort bien traité son sujet; il faut le louer de n'avoir pas négligé de parler des colonies britanniques. M. JARAY obtient sans conteste la médaille.

M. SAPIN obtient une mention honorable, avec un travail clair, d'une lecture facile, mais sans grande originalité.

PRIX DES CONFÉRENCES

Nous avons passé en revue des concours faits en lieu clos, d'autres concours où le travail des concurrents était libre; nous voici, maintenant en présence d'un troisième genre de concours qui offre ceci de particulier que les lauréats peuvent ne pas avoir écrit une ligne. Il s'agit des prix donnés par l'Association des Anciens Étudiants en droit de l'Université de Lyon aux aspirants au doctorat qui ont remis aux directeurs des conférences les meilleurs travaux. Or, les meilleurs travaux sont les travaux oraux; certains ont été fort remarquables et permettent de considérer nos conférences de doctorat comme le portique de la conférence d'agrégation. Mais c'est un portique dont on a écarté les broussailles, car nos orateurs montent en chaire sans avoir à se préoccuper de la règle des trois quarts d'heure ou de la division du sujet en deux parties. Nos jeunes orateurs n'ont pas laissé, malgré l'absence de toute règle, de nous faire entendre, *ex cathedra*, de fort intéressants exposés, et, pour ma part, j'en ai entendu d'excellents.

Dans les conférences des sciences juridiques se sont particulièrement distingués, MM. COUDEYRETTE et HUMBERT, qui obtiennent chacun un prix.

Pour les sciences politiques et économiques, le prix est conquis par M. JARAY; une mention honorable est accordée à M. RESSICAUD.

Nous ne saurions mieux terminer que par un chaleureux remerciement à l'Association des Anciens Étudiants en droit de l'Université de Lyon pour sa fondation si utile, qui donne un intérêt pratique et immédiat à l'intéressante institution des Conférences.

Le temps a fait un pas, comme dit Bossuet, et notre Faculté comptera bientôt un quart de siècle. Que de succès depuis ces vingt-cinq ans, succès que vous avez tous présents à la mémoire et que je ne veux pas vous rappeler! Parler de ses dernières victoires au concours d'agrégation ne relève pas de la compétence du rapporteur; ce privilège revient de droit à notre cher et vénéré Doyen, et, si j'y faisais allusion, je crois bien qu'il pourrait demander contre moi la *restitutio in integrum*, car il est absent *reipublicæ causa.*

Après la lecture du rapport de M. LAMEIRE, M. FLURER, Président, a proclamé les noms des lauréats qui ont obtenu des prix et de ceux auxquels des mentions honorables ont été décernées.

Aux premiers il a remis des médailles. Ils recevront, en outre, des ouvrages de jurisprudence ou d'économie politique, achetés sur les crédits alloués à la Faculté par le Conseil général du Département du Rhône, par la Société d'Économie politique et d'Économie sociale de Lyon, et par l'Association des Anciens Étudiants en droit de l'Université de Lyon.

M. FLURER a remis aux seconds des diplômes constatant leurs mentions honorables.

Avant de lever la séance, M. FLURER a fait part à l'Assemblée des résultats du concours pour l'agrégation (section des sciences économiques), qui a été jugé le mardi 31 octobre.

Sur la liste des six nouveaux agrégés admis par le jury, la première place est occupée par M. Charles Brouilhet, docteur de la Faculté de Droit de Lyon; la troisième, par M. Charles Guernier, qui a été chargé de cours à la Faculté de Droit de Lyon pendant l'année scolaire 1898-1899. M. Henri Bigallet, docteur de la Faculté, a mérité, par ses épreuves, d'être proposé à M. le Ministre pour les suppléances qu'il jugera nécessaires.

La séance a été levée à dix heures et demie.

L'Assesseur du Doyen, président,

Flurer.

TABLE

LYON

Imprimerie A. STORCK & Cⁱᵉ

Rue de la Méditerranée